DINTŠHONTŠHO TSA BO-JULIUSE KESARA

The African Treasury Series, published from the 1940s onwards, consists of works written by pioneers of South African literature in African languages. It has provided a voice for the voiceless and celebrated African culture, history and heritage. The reissue of these foundational texts with new introductions supports ongoing efforts to highlight the importance of writing in indigenous languages, and to remember and celebrate these early giants of African literature.

These reissued texts maintain the orthographic and typesetting fidelity of the original editions published by Wits University Press. New introductions to the texts are included, in the original language and in English.

Several years of concerted effort went into restoring this collection to its rightful place in the canon of African literature. Wits University Press took care to be mindful of the major changes in publishing that have occurred since the works were first published, and undertook several initiatives to reissue these texts. A grant was received from the WiSER Mellon African Digital Humanities project in order to produce the new editions.

Several strong supporters of this project were instrumental in advising, working on and providing the solid basis on which the full print and digital availability of these titles could be completed. It is thanks to the tireless efforts of Nhlanhla Maake, Tuelo Gabonewe, Langa Khumalo, Mike Mahase, Njabulo Manyoni, Sabata Mokae, Fran Saunders, Dumisani Sibiya, Pat Tucker, Mpume Zondi and Karen Press.

DINTŠHONTŠHO TSA BO-JULIUSE KESARA

AFRICAN TREASURY SERIES NO. 3

SOL T. PLAATJE

Published in South Africa by
Wits University Press
1 Jan Smuts Avenue
Johannesburg 2001

www.witspress.co.za

First published by Wits University Press, 1937

978-1-77614-061-9 (Paperback)
978-1-77614-109-8 (Web PDF)
978-1-77614-539-3 (EPUB)

Proofreader and translation of Introduction: Tuelo Gabonewe
Project manager: Karen Press
Cover design: Hybrid Creative
Typeset in 10.5 point Plantin

Tafole ya Dikagare

Ketapele

Moswi Sol. T. Plaatje e ne e le monna wa nonofo yo o matlhagatlhaga, a le botswerere jwa go itshimololela tiro ka esi mo morafeng wa gaabo; monna yo o ipuletseng motlhala mo tirong ya dikwalo tsa Setswana-motlhala o o feleleditseng o amile tiro ya dikwalo tsotlhe tsa Bantsho ba Aforika ya Borwa. Go fitlhela jaanong puo ya Setswana e tlhokile bakwadi ba bantsho bobe, mme botshelo jwa ga Plaatje jo bo kgaotsweng ke loso ka bonako ke tatlhegelo e e botlhoko ruri. Ditiro tsa gagwe tsa mefuta-futa e ne e le go siamisa le go rulaganya mafoko a koranta, go kwala lokwalo lwa medumo ya Setswana mmogo le Professor Daniel Jones, go kwala tlhamane ka *Sekgoa-Mhudi*, go gatisa lokwalo lwa botlhokwa lwa diane tsa Setswana, go batla le go kokoanya mafoko a Setswana. Mme botswerere jwa gagwe jwa go itshimololela tiro bo itshupa thata mo tirong e o ineetseng yone ya go fetolela dikwalo dingwe tsa ga Shakespeare mo Setswaneng. Tiro e e ntseng jalo ga e ise e ke e lekwe mo puong epe ya Bantsho fa e se ya Setswana go fitlhela gompieno. Ka ngwaga wa 1930 o gatisitse *Diphošophošo*, ebong phetolelo ya *The Comedy of Errors*. Mo lokwalong loo Plaatje o phutholotse khumo ya gagwe e ntle thata ya mafoko a Setswana, mme Batswana ba bantsinyana ba ba rutegileng ba ne ba re o tla tshwanela go kwala lokwalo lwa mafoko lo loša go thusa babadi ba lokwalo lo loša lo! Tiro ya phetolelo ya ga Plaatje e sentswe ke pheletso e e sa siamang, le go se tlhokomele tumalano ya dilo tsotlhe-tsotlhe le ding-ka-tsone mo lokwalong lo a lo fetolelang, le go se latele tsela e le nngwefela mo mokwalong le fa e le mo mokgweng wa go fetolela. Fa gongwe go ka bo go nnile le mongwe ka nako eo, yo o ka bong a thusitse monna yo mo tsholofelong le boitshokong jwa gagwe, o ka bo a ne a bona dikgakololo tse di ka bong di fokoditse diphoso tse.

Mo lotlhareng-lwa-leina lwa lokwalo lwa *Diphošophošo*, Plaatje o umakile gore o ne a fetoletse *The Mer chant of Venice* (*Maswabiswabi*), *Much Ado About Nothing* (*Matsapatsapa a Lefela*) le *Julius Caesar* (*Dintšhontšho tsa bo-Juliuse Kesara*) mme morago ga loso lwa gagwe Sekolo sa Thuto ya tsa Bantsho sa Yunivesithi ya Wit watersrand se ne sa ineela masalela a tiro ya dikwalo tsa ga Plaatje, mme ka thuso e kgolo ya ga Mr D. M. Ramoshoana wa Hopetown sa leka go latela motlhala wa dikwalo tse di iseng di gatisiwe. Motlhala wa lokwalo lwa-mafoko ga o a ka wa bonwa, mmogo le diane tse dingwe tse dintsintsi le fa e le diphetolelo tsa ga Shake speare, fa e se e le nngwe fela:*Dintšhontšho*. Mme lokwalo lo lo rekilwe mo go mohumagadi mogatsa Plaatje. Kgatiso e diegisitswe ke botlhoka-boemo jwa mokwalo wa Setswana. Ka ditumalano tse di dirilweng kwa phuthegong e e neng e phuthegile kwa Gauteng ka kgwedi ya Moranang mo ngwageng ono, Yunivesithi e ipaakanyeditse go gatisa lokwalo lo jaaka segopotso sa monna yo o dirileng go le kanakana mo tirong ya makwalo a Setswana. Professor G. P. Lestrade wa Yunivesithi ya Kapa o ne a kopiwa gore a dire gore mokwalo wa lokwalo lo o tsamaisiwe mo tseleng ya ditumalano tse di dirilweng. E rile Professor Lestrade a tlhatlhoba lokwalo lwa ga Plaatje a fitlhela diphetolelo tse dintsi tse di sa dumalaneng thata-thata le se se kwadilweng mo lokwalong lwa ga Shakespeare, le diphoso tse dingwe tse di tshwanang le tse di bonwang mo lokwalong lo go tweng *Diphošophošo*, mme a kopiwa gore a lo siamise a lo rulaganye sentle gore lokwalo lo lo gatisitsweng e nne segopotso se se tshwanelang. Tiro e Professor Lestrade o e dirile mmogo le Mr G. L. Mangoaela, Mothusi mo Sekolong sa Thuto ya tsa Bantsho mo Yunivesithi ya Kapa. Mme go bone boobabedi re isa ditebogo tsa rona ka dipelo tsotlhe ka ntlha ya boitshoko jwa bone go dira tiro e e boitshegang e. Ka tiro e ya bone e e molemo e, kgatiso ya lokwalo lo ke koketso e kgolo mo makwalong a Setswana, mme re dumela gore Plaatje le ene a ka bo a itumeletse gore tiro ya gagwe e tshwarwe ka tlhokomelo e kgolo jaana, gonne o ne a kile a kopa tsala ya gagwe Mr Ramoshoana go ntsha lokwalo diphoso le go mo gakolola; fela tsala e ya gagwe e ne e ise e ke e bone nako ya go dira jalo.

C. M. DOKE
Morulaganyi
The Bantu Treasury Series

Sekolo sa Thuto ya tsa Bantsho
Yunivesithi ya Witwatersrand
Phatwe 1937

Tsa Tlaleletso

Lokwalo lo ke tlang nalo gompieno-e bong *Dintšhontšho tsa bo-Juliuse Kesara*, lo kwadilwe ke William Shakespeare-,lo fetoletswe mo Setswaneng ke Solomon Tshekiso Plaatje-ke lo siamisitse, e bile ke lo rulagantse, ka ke kopilwe gore ke lo baakanyetse kgatiso, gore lo nne longwe lwa dikwalo tsa *The Bantu Treasury Series,* jaaka go boletswe mo mafokong a Ketapele.

Mo tshimologong ya tiro e go ne go tilwe ke fetole *mokwalo* wa ga Plaatje fela-ka go ne go dumalanwe gore go dirisiwe mokwalo o moša wa Setswana-mme ke bo ke siamise mo go tlhokegang go siamisiwa tiriso ya ditshwao tsa go bala, ditlhaka tse dikgolo, karologanyo ya mantswe, le tse dingwe; mme ke se fetole mafoko a lokwalo. Mme e rile ke bala lokwalo ka tlhokomelo, ga bonala gore tsela e ga e ka ke ya siama. Phetolelo ya ga Plaatje e ne e se phetolelo ya mafoko a ga Shakespeare; e ne le phetolelo ya maikaelelo a mafoko a gagwe; mme seo ke ne ke se itse sentle, ke sa belaele ka ntlha ya sone. Mo ke ne ke belaela, e ne e le ka ntlha ya diphoso tse ke ne ke di bonye mo lokwalong, tse di neng di tshwanetse go siamisiwa. Sa ntlha, Plaatje o na a sa latela tsela e le nngwe-fela ya go kwala Setswana, le ya go kwala ka Setswana maina a batho le a mafelo a Seroma, le ya go dirisa mo Setswaneng mafoko a a tswang mo dipuong tsa Sekgoa. Sa bobedi, o na a fositse mo phetolelong. Mo gongwe, o ne a fokoditse se se kwadilweng ke Shakespeare ka go se fetolele mantswe a mangwe, mafoko, dikai, mabolelo, le fa e le ditemanyana tse dingwe; mme gantsi diphokotso tseo di ne di sentse tlhaloganyo ya mafoko a a fokoditsweng ka mokgwa o. Mo gongwe, o ne a okeditse mafoko a ga Shakespeare ka go tsenya tse dingwe tse di seyong mo lokwalong lwa gagwe; mme gantsi dikoketso tseo di ne di se na tshwanelo epe. Mo gongwe, o ne a fositse mo phetolelong-gongwe e ne e le ka go se tlhaloganye Seesemane sentle, gongwe e ne e le ka go se tlhokomele se a se kwalang-mme diphoso tseo gantsi di ne di sentse tlhaloganyo ya mafoko, e bile di sotlegisitse mafoko a bopelo-tona. Sa boraro, go ne go na le tlhakatlhakanyo mo mafokong a a umakang go tsena le go tswa ga batho, go bua le go dira ga bone. Mo gongwe, go ne go lesitswe a ga Shake speare; mo gongwe, go ne go tsentswe a maša a ga Plaatje; mo gongwe, mabolelo a batho ba babedi le fa e le ba bararo mo lokwalong lwa ga

Shakespeare a ne a kwadilwe jaaka ekete a buiwa ke motho a le mongwe fela mo lokwalong lwa ga Plaatje; mo gongwe, a a buiwang ke motho yo mongwe mo lokwalong lwa ga Shakespeare a ne a kwadilwe jaaka ekete a buiwa ke motho osele mo lokwalong lwa ga Plaatje.

Ga re itse gore Plaatje o ne a tshwere kgatiso efe ya Seesemane ya *Dintšhontšho*, mme ke ka ntlha eo re sa mmeeng molato wa diphoso tseo tsotlhe, le fa bogolo jwa tsone go bonala gore ke ene yo re tshwanetseng go mmaya molato. Mme re itse sentle gore o ne a ratile go siamisa diphoso tseo; o na a kopile Batswana ba bangwe gore ba bale lokwalo lwa gagwe, ba mo itsise fa o neng a fositse gone; mme re tlhomamisa gore, fa a ne a ka bo a tshedile go fitlhela lokwalo lo gatisiwa, o ka bo a lo siamisitse. Mme fa go ntse jalo, ka ntata ya tlotlo e e tshwanelang Shakespeare, mmogo le tlotlo e e tshwanelang Plaatje, ke pateleditswe gore ke leke go siamisa fa ke neng ke bona diphoso, le fa ke neng ke na le kitso le maatla a go di tlosa. Ka go dira jalo, ke ne ke na le dikgopolo tse pedi mo moweng wa me. Sa ntlha, ke ne ke rata gore phetolelo e bue ka Setswana maikaelelo a tse di neng di kwadilwe ke Shakespeare, di sa fokodiwa, di sa okediwa, di sa fetolwa kwa ntle ga phetolelo ya puo fela. Mme sa bobedi, ke ne ke rata gore phetolelo e tlotle Plaatje, mokwadi wa yone, e godise kgopolo ya leina la gagwe fa a setse a tlhokafetse. Ke ka ntlha eo ke sa rulaganyang mokwalo fela, le ditshwao tsa go bala, le ditlhaka tse dikgolo, le karologanyo ya mantswe; ke ka ntlha eo ke siamisitseng le mafoko fa ke neng ke bona tsela gone, gore ke tlotle Shakespeare, ke tlotle Plaatje, ke tlotle le puo ya Setswana.

Fa go ka bodiwa gore, ke dirile jang mo tirong e, go ka arabiwa ka go se tlale fa motho a tsaya se se gatisitsweng fano, a se bapisa le se se gatisitsweng ka Seesemane mo lokwalong lwa ga Shakespeare-a sa lebale se se builweng pele ka ga diphoso tse di neng di le teng mo lokwalong lwa ga Plaatje. Karabo e e itekanetseng e ka tla fela fa motho a bapisa se se gatisitsweng mo lokwalong lo, le se se kwadilweng mo lokwalong lwa ga Plaatje ka fa ke lo fitlhetseng gone. Mme ba ba ka se keng ba dira jalo, ke ba kopa gore ba dumele gore ga ke a fetola le fa e le le lengwe-fela la mafoko jaaka a ne a kwadilwe ke Plaatje fa ke sa patelediwa go dira jalo ke keletso ya me e kgolo ya go tlosa tse e leng diphoso ruri-diphokotso, dikoketso, ditshwanololo, le ditlhakatlhakano. Le fa go ntse jalo, ke itse sentle gore diphoso di sale gone mo lokwalong lo-tse dingwe ga ke a di bona, le bathusi ba me ga ba a di bona; tse dingwe di ne di se na tsela ya go ntshiwa go sa bolawe mafoko a ga Plaatje gotlhe-gotlhe. Se se teng, ke solofela gore bontsi jwa diphoso bo fokoditswe, mme tse di sa leng teng ga di dikgolo thata. Gape, ke solofela gore ga go na phoso e e tsentsweng ke nna mo lokwalong. Mo tirong e, ga ke a tlhoka bathusi; mme ke itumela thata fa nka tsenya mafoko a se kae a go leboga thuso e ke e amogetseng mo go bone. Mothusi-mogolo wa me e nnile Mr G. L. Mangoaela, Mothusi mo Thutong ya Sesotho le Setswana mo Yunivesithi ya Kapa. Mangoaela, yo e leng Mosotho wa gaMoshoeshoe, o tlwaetse Batswana ka go agisanya le bone dingwaga, mme puo ya Setswana o e itse sentle.O ineeletse tiro e ka pelo yotlhe fela; o nthusitse go fetola mokwalo, le go siamisa tiriso ya ditshwao tsa go bala, le ya ditlhaka tse dikgolo, le ya karologanyo ya mafoko; o nthusitse gape fa ke isa pele, ke siamisa diphoso tsa ga Plaatje. Bontsi jwa ditshiamiso tse di tsentsweng di ne tsa tlhagisiwa ke nna pele, ka fa ke ne ke tlhaloganya maikaelelo a mafoko a ga Shakespeare, le ka fa ke itseng Setswana ka gone; mme le fa Mangoaela a dumalane le ditshiamiso tse di tlhagisitsweng ke nna, yo o tshwanetseng go ikarabela ka ntlha ya tsone ke nna fela. Ke ene gape yo o thusitseng ka go fetolela mo Setswaneng Ketapele ya ga Professor Doke, e e neng e kwadilwe ka Seesemane kwa tshimologong; mme ke ene gape-gape yo o nthusitseng ka go siamisa mafoko ano a me a go felegetsa fa ke ne ke batla thuso ya go a kwala ka Setswana . Mothusi yo mongwe e nnile Mr Z. K. Matthews wa Fort Hare, yo o badileng lokwalo lwa rona fa lo setse lo baakantswe, mme a ntshupetsa diphosonyana tse dingwe tse di ne di sa le gone. Thuso eo ya bone ke e leboga thata-thata.

Ke kopa nako go tsenya mafoko a mangwe a a amang dilo tse tharo tse di tshwanetseng go umakwa, mme ke tla fetsa ka go di kwala ka bokhutshwane.

Mokwalo wa Setswana o re tsamayang ka tsela ya one ke mokwalo o o dumeletsweng ke *Phuthego ya Mokwalo wa Setswana* e e neng e phuthegile kwa Gauteng ka kgwedi ya Moranang ya ngwaga o. Fa e le tiriso ya ditshwao tsa go bala, ya ditlhaka tse dikgolo, ya karologanyo ya mafoko, le tse dingwe tse di amang kgatiso ya lokwalo lo, ke latetse tsela ya me fela ka nosi, ka ke tlhoka ditaelo tse di busang dilo tse. Ke kopa babuisi gore ba intshwarele fa ke fositse, ba nne le bopelonomi. Fa e le medumo ya Setswana e e tshwantshiwang fano, ke lekile go tshwantsha e e neng e dirisiwa ke Plaatje. Mo ke thusitswe thata ke dikwalo tse tharo:lokwalo lwa ga Plaatje, lo lo dirisang ditlhaka tsa gagwe tse di supang ka fa o neng a akanya gore medumo ya segaabo e ne e tshwanetse go tshwantshiwa ka gone; dikwalo tsa ga Professor Daniel Jones, tse di tshwantshang medumo ya ga Plaatje ka ditlhaka tsa mofuta o sele; le dikwalo tsa me tse di iseng di gatisiwe tse ke di kwadileng ka 1922/3 kwa London, fa ke ne ke dira mmogo le Plaatje, ke utlwa ka molomo wa gagwe medumo ya Setswana ka fa a ne a e bua ka gone. Fela, dikwalo tseo tsotlhe ga di thuse thata ka ntlha e nngwe:ga di supe molao o o tlhomameng o o busang tiriso ya medumo e e tshwantshiwang ka ditlhaka tsa /e/ le /ê/, /o/ le /ô/. Mme ke ka ntlha eo ke lesitseng lotshwao godimo ga /e/ le /*o* fa ke ne ke sa tlhomamise gore lo tshwanetse go ema gone.

Mokgwa wa ga Plaatje wa go kwala ka Setswana maina a batho le a mafelo a Seroma le one o ne wa mpelaetsa, ka gonne o ne a sa latela tsela e le nngwe fela. Fa re tsaya sesupo se le sengwe-fela re bona ditsela tse di farologaneng tse. Pheletso ya Seroma ya bo-us o ne a e fetoletse ka Setswana mo gongwe ka go e lesa fela (*Antonius*:*Antoni*), mo gongwe ka go kwala *-ose* (*Cassius*:*Kasiose*), kgotsa *-ase* (*Lucius*:*Losease*), kgotsa *-o* (*Trebonius*:*Trebonio*), le tse dingwe gape. Mme le tsone ditshupo tse di bontsha botlhoka-molao mo lokwalong lwa ga Plaatje ka ntlha ya phetolelo mo Setswaneng ya maina a Seroma le medumo ya one mmogo le ditlhaka tse di e tshwantshang:mo gongwe, o ne a tsere maina jaaka a ne a bidiwa ka Seroma; mo gongwe, o ne a a tsere jaaka a bidiwa ka

Seesemane. Fa e le nna, ke latetse tsela ya go tsaya maina otlhe jaaka a ne a bidiwa ke Maroma, le ya go a fetolela mo Setswaneng ka melao e ke e bonang mo puong e, ke dirisa ditlhaka tse di tshwantshang medumo e e dirisiwang ka Setswana fa maina a a tswang mo dupuong disele a bidiwa ke Batswana.

Mafoko a a tswang mo puong ya Sekgoa a ne a atile mo lokwalong lwa ga Plaatje, mme le yone tiriso ya one e ne e mpelaetsa. Mo gongwe, o ne a dirisitse a Setswana tota (*mmuso*, *kgotla*); mo gongwe o ne a dirisa a a tswang mo Sekgoeng a a dumalanang nao (*goromente*, *palamente*); mo gongwe, o ne a dirisitse maina a Sekgoa a a sa siamang mo boemong jwa a Setswana a a siameng thata (*fesene* mo boemong jwa *mokgwa*); mo gongwe o na a fositse mo phetolelong (*bootless* ke gore *lefela*, e seng *a se na ditlhako*). Fa e le nna, ke latetse tsela ya go siamisa diphoso, le go fokotsa bogolo jwa mafoko a Sekgoa, ke tsenya a Setswana. Fa ke fositse ka ntlha eo, ke kopa maitshwarelo, ka ke ne ke rata go tlotla Setswana ka go kwala Setswana fa ke ne ke na le gone.

Mme fa ke fetotse mantswe a ga Plaatje ka go kwala a mangwe a me mo boemong jwa a mangwe a gagwe, ke lekile ka thuso ya ga Mangoaela go kwala puo e e ne e buiwa ke Plaatje, ke dira ka mokgwa wa gagwe wa go fetolela maikaelelo a mafoko a ga Shakespeare, e seng mantswe fela.

Mangoaela o itse maleme a mangwe a Setswana a a tshwanang thata le Serolong se se neng se buiwa ke Plaatje; mme le nna ke ne ke ithuta Serolong mo go Plaatje kwa London; mme re dirile mmogo, re lekile go kwala Serolong le mo phetolelong ya mafoko a ga Plaatje. Mme fa motho a bala lokwalo lo, a sa itse gore mafoko a ga Plaatje ke afe, a rona ke afe, re ka itumela ka gonne go tla nna sesupo sa gore re dirile sentle.

Ga ke a supa-le fa e le ka ditshwao, le fa e le ka ditlhaka disele gore mafoko a ga Plaatje ke afe, a me ke afe; mme fa ke dirile jalo, ke ne ke na le megopolo e mebedi. Sa ntlha, nka itumela thata-thata fa lokwalo lo lo ka balwa jaaka ekete ke lokwalo lwa motho a le mongwe-fela-Plaatje. Sa bobedi, ka go se supe fa ke ne ke tshwanetse go mo thusa gone, ke ne ke rata go tlotla Motswana yo o gakgamatsang yo. Mo mafokong ano a go felegetsa lokwalo lo, ke ne ke tshwanetse go supa fa Plaatje o ne a fositse gone-mme ke lekile go bua ka go se ngongorege, le ka go se tsenye bogale. Kwa pheletsong, ke rata go tsenya mafoko a se kae a go mmoka:lokwalo lwa gagwe ke namane e tona ya mpho e o e tlogeletseng Batswana. Plaatje o diragaditse tiro e e bokete ruri go fetolela Shakespeare mo Setswaneng, mme o itshupile bonna mo tirong e. Puo ya gagwe e tletse mafoko a a kgatlhang, mafoko a a utlwisang monate, mabolelo a a gakgamatsang ka ntlha ya boteng jwa one; mme dilo tse di nkgakgamaditse, di nkgatlhile. Nka fetsa ka gore, monna yo o dirile ruri:o godisitse Setswana; mme a Batswana ba godise leina la gagwe.

G. P. LESTRADE

Sekolo sa Thuto ya tsa Bantsho
University ya Kapa
Phatwe 1937

Matseno

Sabata-mpho Mokae

Solomon Tshekisho Plaatje, morwae Kushumane le Martha Lokgosi, o tsetswe ka 9 Diphalane 1876 kwa polaseng ya Podisetlhogo kwa kgaolong ya Boshof kwa Foreisetata mo Aforikaborwa. O tsaletswe mo lelapeng la Sekeresete, la maloko a kereke ya Berlin Missionary Society, e e leng lekala la kereke ya Lutere. Lelapa la ga Plaatje le kopane le baruti ba Sekeresete dingwaga di ka nna masome a mararo pele ga matsalo a gagwe. Go ya ka Brian Willan, yo o kwadileng thata ka ga botshelo le ditiro tsa ga Plaatje, mo lotshelong lwa *Sol Plaatje: A life of Solomon Tshekisho Plaatje 1876 - 1932*, rraagwemogolo Plaatje ebong Selogilwe, o kolobeditswe ke Gottlob Schrenier, yo e neng e le rraagwe Olive Schreiner, mokwadi wa *The Story of an African Farm*, ka ngwaga wa 1838 (Willan 2018: 9). Olive Schreiner o ne a nna kwa Teemaneng kwa a neng a kopana le go nna tsala ya ga Plaatje (Willan 2018 : 9). Morwadie Plaatje yo o tsetsweng ka 1903,

Olive Ngwetsi, yo padi ya ga Plaatje ya Seesemane *Mhudi* e lebisitsweng kwa go ena, o ne a teeletswe Olive Schreiner (Willan 2018: 401-402).

Erile Plaatje a sa le mmotlana, lelapa la gaabo la fudugela kwa motsaneng wa Pniel, magareng ga Teemaneng le Barkly West kwa koloni ya Kapa. Pniel e ne e le motse o monnye wa batho ba palo e e kwa tlase mme go ne go buiwa dipuo di le mmalwa ka ntlha ya gore e ne e le seteišene sa go tsamaisa efangeli sa mokgatlho wa Sekeresete wa Berlin e bile baagi ba foo ba ne ba tswa kwa dikarolong tse di farologaneng tsa lefatshe. Go ne go buiwa dipuo di tsenyeletsa Setswana, Sesotho, Sexhosa, Sekoranna, Seherero, Seesemane, Sedatšhe, Sedatšhe sa Kapa le Sejeremane.

Plaatje o simolotse go tsena sekolo kwa Pniel, a rutiwa ke Moruti Gotthilf Ernst Westphal le mogatse Marie. Go bonagetse go sa le gale gore Plaatje o ne a le tlhogo e bonolo. O ne a kopa Marie gore a mo rute Seesemane, Sejeremane le Sedatšhe. Moruti Westphal le mogatse ba ne ba simolola go neela Plaatje dithuto tsa tlaleletso morago ga go lemoga fa dithuto tsa sekolo sa Pniel di se na di kgona go fitlhelela bokgoni jwa gagwe. Plaatje o tsene sekolo go fitlha ka mophato wa boraro, kgotsa gerata ya botlhano go ya ka dipalo tsa gompieno mo Aforikaborwa.

E rile ka ngwaga wa 1894 Plaatje a rwalarwala ditlhako tsa gagwe a leba kwa toropong ya Teemaneng go simolola tiro ka fa tlase ga Tsamaiso ya Puso ya Kapa, a nna morongwa kwa kantorong ya poso. Tiro ya gagwe e ne e le go tsamaisa makwalo le ditelegrama. Kwa Teemaneng gone o fitlhetse setšhaba sa dipuo le ditso tse di farologaneng. O gorogetse mo diatleng tsa ga Isaiah Bud M'Belle wa mofetoledi mo kgotlatshekelo e e kwa godimo ya kgaolo ya Griqualand Bophirima le ya magiseterata ya Teemaneng, yo moragonyana Plaatje a feleleditseng a nyetse kgaitsadie, Elizabeth Lillith.

Kwa Teemaneng Plaatje o ne a nna leloko la mokgatlho o o neng o itsege ka South African Improvement Society. Maloko a South African Improvement Society e ne e le badiri ba bašwa ba ba rutegileng mme ba dira ditiro tsa tlotlego. Ka dingwaga tseo toropo ya Teemaneng e ne e na le dirutegi tse dintsi tsa Bantsho; bangwe e le bomabalane, baruti, barutabana, badiri ba poso, badiredipuso jalojalo. Maitlhomo a South African Improvement Society a ne a tsenyeletsa go buisa, go nnela dikganetsano le ditiragatso tsa mmino le tse dingwe, mme tseo tsotlhe Plaatje o ne a tsaya karolo mo go tsone. Plaatje o ne a opela mme a diragatsa ka lentswe la kodu. Bontsi jwa maloko a South African Improvement Society a ne a rutegile go feta Plaatje, yo o boneng thotloetso go tswa mo go bona mme a simolola go buisa le go ithuta morago ga diura tsa tiro maitseboa mangwe le mangwe.

Ke ka tlhotlheletso ya maloko a mangwe a South African Improvement Society gore Plaatje a feleletse a kgonne go ya go bogela motshameko wa serala la ntlha mo botshelong jwa gagwe kwa Kimberley Theatre fa a ne a le dingwaga di le lesome le borobedi kwa ngwaga wa 1894. E ne e le tiragatso ya *Hamlet* e e kwadilweng ke William Shakespeare. Tiragatso eo e ne ya jala peo mo go Plaatje ya lerato la ditiro tsa ga Shakespeare. Dingwaga di le dintsi morago ga go bona tiragatso ya *Hamlet*, Plaatje o ne a simolola go fetolela metshameko e mengwe ya ga William Shakespeare, yo a neng a mmitsa William Tsikinya-Chaka, go ya mo puong ya gaabo ya Setswana ka fa tlase ga metseletsele e a neng a e bitsa "Mabolelo a ga Tsikinya-Chaka". O ne a fetolela *Comedy of Errors* go nna *Diphosho-Phosho* e e phasaladitsweng ka 1930, mme Julius Caesar a e fetolela go nna *Dintšhontšho Tsa bo-Juiuse Kesara*, e e phasaladitsweng lantlha ka ngwaga wa 1937, dingwaga di le tlhano morago ga loso lwa ga Plaatje ka Seetebosigo wa 1932.

Ka thuto e e potlana ya kwa sekolong sa Pniel e ne e sa lekana mo go Plaatje, e rile a ya go simolola tiro ya go nna toloko kwa kgotlatshekelo ya Mahikeng ka 1898, a bo a simolola dithuto ka fa tlase ga Khomišene ya Bodiredipuso (Civil Service Commission) mme a dira dirutwa tsa go Tlanya le Sedatšhe. Plaatje o ne a falola ka dinaledi mme a gaisa batho botlhe mo Aforikaborwa, seo e neng e le phitlhelelo ya ntlha ka Montsho mo nageng.

Morago ga dingwaga di tsamaela go masome a le robongwe Plaatje a ile badimong, a tiro ya gagwe e sa ntse e tswewa tsia ke barati ba dikwalo le puo mmogo le baithuti ba dikwalo? Ee, go ntse jalo fa dikgatiso tsa dibuka tsa gagwe di ntse di tswelela pele mo nakong ya ga jaana. Buka ya gagwe ya *Native Life in South Africa* e e golotsweng la ntlha ka 1916, e boetse ya gololwa gape ka 2005 mme ka 2016 ga tswa kgobokanyo ya diesei tse di e e sekasekang (Remmington, Willan & Peterson 2016). Padi ya gagwe ya Seesemane *Mhudi*, e e golotsweng la ntlha ka 1930, e setse e golotswe gantsintsi ke baphasalatsi lefatshe ka bophara. Ya mo sešweng ke kgololo ya Strandwolf Publishers mo ngwageng wa 2019. Seno ke sesupo sa tlhokego ya dikwalo tsa ga Plaatje mo nakong ya ga jaana.

Chinua Achebe, mo lokwalong lwa *My Home Under Imperial Fire* (Achebe 2001: 7) o dirisa seane sa puo ya Igbo se se reng “nku di na mba na-eghelu mba nni”. Ka Setswana ke gore motsana mongwe le mongwe o na le dikgong tse di lekaneng go ka dira molemo o ka ona go ka apewang dijo tse di lekanang baagi botlhe ba motsana oo. Ka go fetolela metshameko ya serala ya ga Tsikinya-Chaka, e tshwana le *Julius Caesar* go tla mo puong ya Setswana, Plaatje o simolotse go bontsha fa Setswana le dipuo tse dingwe tsa Bantsho di na le tlotlofoko e e lekaneng go tlhalosa sengwe le sengwe se se tlhalosiwang ke dipuo tsa kwa Yuropa. Plaatje o tlhodile tshono ya puo ya Setswana go ka gola, gonne fa puo e kwalwa e bona tshono ya gore bakwadi ba tlhame mareo a maswa le go adima kwa dipuong tse dingwe. Tsela e e tlhagotsweng ke Plaatje ke e go tsamaileng mo go yona bakwadi ba mephato e e mo salang morago ba akaretsa LD Raditladi, MOM Seboni, DP Moloto, RM Malope, JM Ntsime le dirutegi tsa puo ya Setswana jaaka AT Malepe, Beauty Malefo le Shole J Shole.

Mofuta wa dikwalo wa boitlhamedi wa diterama ga o tlhole o le montsi mo dikwalong tsa ga jaana go tshwana le mo malobeng. Palo ya bakwadi ba diterama, tse di buisiwang go tswa mo bukeng le tse di diragadiwang mo seraleng fa pele ga babogedi, e kwa tlasenyana mo dingwageng tseno fa go bapisiwa le mo dingwageng tsa maloba. Mo dingwageng tsa bo 1980 le 1990 bakwadi le bakaedi ba metshameko ya serala ba tsenyeletsa Walter Chakela, Aubrey Sekhabi, Moagi Modise le Martin Koboekae ba kgonne go tlhagisa metshameko e le mmalwa. Le fa re sa kgona go netefatsa gore ke ngwaga ofe, Chakela o ne a tsaya *Dintšhontšho tsa bo-Juliuse Kesara* a e tlhagisa mo seraleng. Ka go dira jalo Chakela o bontshitse fa motshameko wa serala wa ga Tsikinya-Chaka wa *Dintšhontšho tsa bo-Juliuse Kesara*, jaaka o fetoletswe mo puong ya Setswana ke Plaatje, o sa ntse o na le kgogedi e bile molaetsa wa ona o sa ntse o le botlhokwa, dingwaga di le dintsintsi morago ga gore o tlhagisiwe lantlha.

Tshwetso ya ga Plaatje ya go fetolela metshameko ya serala ya ga Tsikinya-Chaka mo puong ya Setswana e tsere mofuta wa bokwadi, o o neng o se kalo mo Aforika, go tswa kwa Yuropa le Engelane go tla mono mme wa fitlha wa itsagale thata. Ka tsela e nngwe, Plaatje o nnile motlhagolatsela wa bokwadi jwa kwa moseja mo Aforika. Fa a ne a fetolela ditiro tsa ga Tsikinya-Chaka mo puong ya Setswana, o ne a le motho wa ntlha mo kontinenteng ya Aforika go dira jalo. Seo e ne e le phitlhelelo e kgolo. Ga se ba le bantsi ba ba kgonneng go fetolela Tsikinya-Chaka mo dipuong tsa Aforika. Mo palong e e nnye eo, go na le Welcome Msomi yo o neng a fetolela dikarolo tsa Macbeth go ya kwa puong ya SeZulu go nna *uMabatha*.

Tiro ya ga Plaatje ya go fetolela metshameko ya serala ya ga Tsikinya-Chaka mo puong ya Setswana ke nngwe ya ditiro tsa gagwe tse dintsintsi tsa go tlhabolola puo ya Setswana jaaka puo e e kwalwang, ya thuto, ya kgwebisano le tse dingwe. O ne a simolola lokwalodikgang lwa Seesemane le Setswana lwa *Koranta ea Becoana* le Silas Molema kwa Mahikeng mme a nna a le tsosolosa ka maina a mangwe, *Tsala ea Becoana* le *Tsala ea Batho*, fa dingwaga di ntse di tsamaya. O kile a kgobokanya diane tsa Setswana mme a di fetolela kwa puong ya Seesemane le go di senkela tse di tsamaelanang natso tsa kwa Yuropa, a kwala *A Sechuana Reader in International Phonetics (With English Translations)*, e leng lokwalo lwa medumo ya Setswana, le Daniel Jones kwa University College London ka ngwaga wa 1916. Mo botshelong jwa gagwe Plaatje o begile fa a kile a leka go fetolela *The Merchant of Venice* go nna *Maswabiswabi* le *Much Ado About Nothing* go nna *Matsapatsapa a Lefela*. Ka go tlhoka lesego dikwalo tseo ga go itsiwe gore di feletse kae morago ga loso lwa gagwe.

Le mo nakong eno, dingwagangwaga Plaatje a neelane ka *Dintšhontšho Tsa bo-Juliuse Kesara*, babuisi le barati ba tiro ya gagwe le dikwalo tsa Setswana ba sa ntse ba nyoretswe bokgeleke jwa gagwe le maatlametlo a pene ya gagwe.

Metswedi

Achebe, Chinua. 2001. My Home under Imperial Fire. In *Home and Exile*: 7. New York: Random House.

Jones, Daniel & Plaatje, Solomon Tshekisho. 1916. *A Sechuana Reader in International Phonetics (With English Translations).* London: The University of London Press.

Msomi, Welcome 1996.*uMabatha*. Johannesburg: Skotaville Publishers.

Remmington, J., Willan, B. & Peterson, B. 2016. *Sol Plaatje's Native Life in South Africa: Past and Present*. Johannesburg: Wits University Press.

Plaatje, Solomon Tshekisho. 1937. *Dintšhontšho tsa bo-Julise Kesara*. Johannesburg: University of Witwatersrand Press.

Plaatje, Solomon Tshekisho. 1930. *Diphosho-Phosho*. Morija: Morija Printing Works.

Plaatje, Solomon Tshekisho. 1930. *Mhudi*. Alice: Lovedale Press.

Plaatje, Solomon Tshekisho. 2019. *Mhudi*. Cape Town: Strandwolf Publishers.

Plaatje, Solomon Tshekisho. 1916. *Native Life in South Africa*. London: PS King and Son.

Plaatje, Solomon Tshekisho. 2005. *Native Life in South Africa*. Johannesburg: Picador Africa.

Plaatje, Solomon Tshekisho. 1916. *Sechuana Proverbs, With Literal Translations and Their European Equivalents*. London: K, Paul, Trench, Trubner and Co.

Schreiner, Olive. 1883. *The Story of an African Farm*. London: Chapman Hall Publishers.

Willan, Brian. 2018. *Sol Plaatje – A life of Solomon Tshekisho Plaatje 1876-1932*. Johannesburg: Jacana Media.

Introduction

Sabata-mpho Mokae

Translated by Tuelo Gabonewe

Solomon Tshekisho Plaatje, the son of Kushumane and Martha Lokgosi, was born on 9 October 1876 on a farm called Podisetlhogo in the Boshof district in the Orange Free State, South Africa. He was born into a family of Christian converts who were members of the Berlin Missionary Society, a branch of the Lutheran Church. Plaatje's family first came into contact with Christian missionaries some thirty years before he was born. According to Brian Willan (Willan 2018: 9), who has written extensively about the life and works of Plaatje, his grandfather, Selogilwe, was baptised by Gottlob Schreiner, the father of Olive Schreiner, author of the novel *The Story of an African Farm.* Plaatje would later encounter Olive Schreiner when she lived in Kimberley, and a friendship developed between them (Willan 2018: 9). Plaatje's daughter Olive Ngwetsi, who was born in 1903, was named after Olive Schreiner (Willan 2018: 207). Later in 1930 when Plaatje's novel *Mhudi* was published, it was dedicated to his daughter Olive, who died of Spanish flu in 1918 (Willan 2018: 401-402).

Plaatje was still a slip of a boy when his family moved to Pniel, a small village between Kimberley and Barkly West in the Cape Colony. Pniel was a mission station, a small settlement with a tiny population. Its residents spoke a variety of languages as it was the conduit of evangelism for the Berlin Missionary Society. Among the languages spoken in Pniel were Setswana, Sesotho, IsiXhosa, Koranna, Herero, English, Dutch, Cape Dutch and German.

Plaatje started his education in Pniel under the tutelage of Reverend Gotthilf Ernst Westphal and his wife Marie. It quickly became evident that the young Plaatje had a brilliant mind. He implored Marie to teach him English, German and Dutch. The Reverend Westphal and his wife gave Plaatje extra lessons to help him reach his fullest potential; it was clear that mission school education was inadequate for him.

In the year 1894, Plaatje gathered his belongings and set off on a journey to Kimberley to start work as a messenger for the post office. In Kimberley, he found himself in yet another melting pot of languages and cultures. He was welcomed to his new station by Isaiah Bud M'Belle, an interpreter at the Griqualand West high court and the Kimberley Magistrate's Court. A few years later Plaatje would marry M'Belle's sister, a young teacher named Elizabeth Lillith.

In Kimberley, Plaatje became a member of a group called the South African Improvement Society. Members of the society were young, educated workers with respectable jobs. In those years, Kimberley crawled with black intelligentsia; there were clerks, pastors, teachers, postal services workers, civil servants and more. The South African Improvement Society's key activities included reading, holding debates and music performances. Plaatje participated in all these activities. He was a gifted singer and stage actor with a deep voice. The majority of the members of the South African Improvement Society were more educated than Plaatje, which inspired him to study further. He read and studied after work every day.

Thanks to encouragement he received from some members of the South African Improvement Society, Plaatje saw a stage play for the first time at the Kimberley Theatre in 1894, when he was eighteen years old. The play was *Hamlet* by William Shakespeare. This ignited a great love in his heart for the works of Shakespeare. Many years after seeing *Hamlet* on stage, he started to translate Shakespeare's other plays into his native Setswana in a series he called 'Mabolelo a ga Tsikinya-Chaka', which can be loosely translated as 'The Sayings of Shakespeare'. *Diphosho-Phosho* (Plaatje 1930), Plaatje's Setswana translation of *The Comedy of Errors*, was published in 1930, and *Dintšhontšho tsa bo-Juliuse Kesara* (Plaatje 1937), the Setswana translation of *Julius Caesar*, first went to print in 1937 – five years after Plaatje's death.

The little education he had received in Pniel was not enough for Plaatje, and when he started work as a court interpreter in Mahikeng in 1898 he resumed his studies under the Cape Civil Service Commission, a government institution through which civil servants were trained. Plaatje studied Typing and Dutch. Plaatje excelled in his studies and achieved the highest distinction in the country, the first black African to do so.

Almost ninety years since his passing, Plaatje's work still resonates with readers and students of literature. His books continue to be reprinted and read by a wide audience across the world, from Africa to England and America. His book *Native Life in South Africa*, first published in 1916, was republished in 2005. In 2016 a book containing essays based on this timeless classic was published by Wits University Press

(Peterson, Willan, Remmington 2016). His novel *Mhudi*, first published in 1930, has also been reprinted many times by countless publishers all over the world. The most recent reprint was overseen by Strandwolf Publishers in South Africa in 2019. This is sufficient evidence of the continuing need that exists for Plaatje's work.

In an essay titled 'My Home under Imperial Fire', Chinua Achebe quotes an Igbo idiom, '*nku di na mba na-eghelu mba nni*' (Achebe 2001: 7) A loose translation of this would be that every village has all the firewood it needs for all the cooking it needs to do to feed all its residents. By translating plays like *Julius Caesar* into Setswana, Plaatje showed the world that Setswana has a big enough vocabulary to express anything that can be expressed by a European language. He gave Setswana the opportunity to grow, because writing gives writers the opportunity to create new words and phrases as well as borrow words from other languages. Writers like LD Raditladi, MOM Seboni and DP Moloto, and language scholars like AT Malepe, Beauty Malefo and Shole J Shole all followed the trail blazed by Plaatje. Worryingly, plays are no longer as popular as they used to be. The number of playwrights has decreased significantly compared to years gone by. In the 1980s and 1990s, writers and directors of stage plays such as Walter Chakela, Aubrey Sekhabi, Moagi

Modise and Martin Koboekae, to name a few, were able to get their plays performed. Although we are unable to ascertain which year this happened, Chakela even brought an adaptation of *Dintšhontšho tsa bo-Juliuse Kesara* to stage, thereby proving that the play, as translated into Setswana by Plaatje, still had relevance many years after it first saw the light of day.

Plaatje's decision to translate Shakespeare's stage plays into Setswana helped to popularise a genre that was previously not very well known in Africa. In other words, he pioneered a foreign genre in Africa. This was a great achievement, and also served Plaatje's aim of developing Setswana. Not many have managed to replicate his efforts to translate Shakespeare's plays into African languages. One of the few who succeeded was Welcome Msomi, who translated parts of *Macbeth* into IsiZulu under the title *uMabatha* (1996).

In 1901 Plaatje started a bilingual Setswana/English newspaper, *Koranta ya Becoana*, with Silas Molema in Mahikeng, and would bring the paper back from the dead on more than one occasion under different titles, namely *Tsala ea Becoana* and *Tsala ea Batho*, in the years that followed. He also put together a list of Setswana proverbs, translated them into English and sought to find their European equivalents. He wrote *A Sechuana Reader in International Phonetic Orthography (With English*

Translations), a book on Setswana sounds, with Daniel Jones in 1916.

Plaatje also attempted to translate two other Shakespeare plays into Setswana, *The Merchant of Venice* as *Maswabiswabi* and *Much Ado About Nothing* as *Matsapatsapa a Lefela*. Sadly, no one knows what became of these manuscripts after his death.

Today, many years after Plaatje first published *Dintšhontšho tsa bo-Juliuse Kesara*, readers and lovers of his work, and lovers of Setswana literature in general, still hunger for his genius and the magic of his pen.

References

Achebe, Chinua. 2001. My Home under Imperial Fire. In *Home and Exile*: 7. New York: Random House.

Jones, Daniel & Plaatje, Solomon Tshekisho. 1916. *A Sechuana Reader in International Phonetics (With English Translations)*. London: The University of London Press.

Msomi, Welcome 1996. *uMabatha*. Johannesburg: Skotaville Publishers.

Remmington, J., Willan, B. & Peterson, B. 2016. *Sol Plaatje's* Native Life in South Africa: *Past and Present*. Johannesburg: Wits University Press.

Plaatje, Solomon Tshekisho. 1937. *Dintšhontšho tsa bo-Juliuse Kesara*. Johannesburg: University of Witwatersrand.

Plaatje, Solomon Tshekisho. 1930. *Diphosho-Phosho.* Morija: Morija Printing Works.

Plaatje, Solomon Tshekisho. 1930. *Mhudi.* Alice: Lovedale Press.

Plaatje, Solomon Tshekisho. 2019. *Mhudi.* Cape Town: Strandwolf Pubishers.

Plaatje, Solomon Tshekisho. 1916. *Native Life in South Africa.* London: PS King and Son.

Plaatje, Solomon Tshekisho. 2005. *Native Life in South Africa.* Johannesburg: Picador Africa.

Plaatje, Solomon Tshekisho. 1916. *Sechuana Proverbs, With Literal Translations and Their European Equivalents.* London: K, Paul, Trench, Trubner and Co.

Schreiner, Olive. 1883. *The Story of an African Farm.* London: Chapman Hall Publishers.

Willan, Brian. 2018. *Sol Plaatje – A life of Solomon Tshekisho Plaatje 1876-1932.* Johannesburg: Jacana Media.

Dintšhontšho Tsa Bo-Juliuse Kesara

Mathaka a a umakwang mo mabolelong a:

JULIUSE KESARA

OKETABIUSE KFSARA MAREKUSE ANTONIUSE EMILIUSE LEPIDUSE	Balaodi morago ga loso lwa ga Juliuse Kesara
KIKERO PUBILIUSE POPILIUSE LENA	Ba-lekgotla
MAREKUSE BORUTUSE I KASIUSE KASEKA TEREBONIUSE LIGARIUSE DEKIUSE BORUTUSE METELUSE KIMMERE KINNA	Dirukutlhi tse di tsogetseng Juliuse Kesara

FOLABIUSE LE MARULUSE, Baeteledi-pele
ARETEMIDORUSS, Setlapele
NGAKA
KINNA WA MORETI
MORETI YO MONGWE

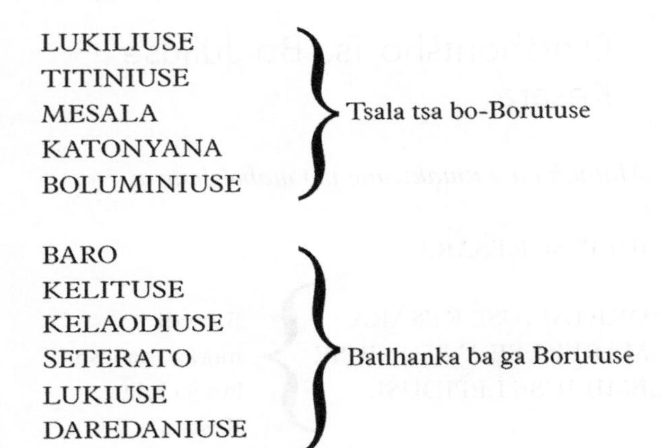

LUKILIUSE
TITINIUSE
MESALA
KATONYANA
BOLUMINIUSE
— Tsala tsa bo-Borutuse

BARO
KELITUSE
KELAODIUSE
SETERATO
LUKIUSE
DAREDANIUSE
— Batlhanka ba ga Borutuse

PINEDARUSE, Motlhanka wa ga Kasiuse.
KALEPHURUNIA, Mogatsa-Kesara.
PoROTIA, Mogatsa-Borutuse.

Thaka ya lekgotla, Batho ba motse, Masole, Baetsana, le ba bangwe.

Mafoko a simololela ko Roma, a felela mo tikologong tsa Saredise
le Filipi.

Tiragatso ya Ntlha

Temana I

Mo toropong mo Roma. Go tlhaga Folabiuse, Maruluse, le batho ha motse.

Folabiuse: Tlogang, lo ye kong, bo-matlhogole ke Iona! Tswang lo ye gae. A tsatsi leno ke la itapoloso? A ga lo itse fa badiri ba sa tshwanela go kaila mo mebileng, ba akga mabogo ka tsatsi la ditiro, base na sekai sa tiro tsa bone? Bua, tiro ya gago ke eng?
Wa ntlha: Kana, Morena, nna ke mmetli.
Maruluse: Mme go rileng o kgabile jaana? Khiba ya gago ya letlalo e kae, le selekanyi sa gago sa dipati? Wena, tiro ya'ago ke eng?
Wa bobedi: E le rure, Morena, nna ke modiri fela, e seng wa popota.
Maruluse: S'o ntso lotololtsa:mpolelela fela gore tiro ya gago eng?
Wa bobedi: Tiro ya me, morena, ke e nka e kgweetsang ka segakolodi se se phepa:ke gore, ke mothudi wa tlhako tse di onetseng.

Maruluse: Ka re, tiro ya gago ke eng? Molotsana k'wena!

Wa bobedi: O bone o se tswane le nna, Morena:fa o ka tswana le nna, nka tloga ka go thula.

Maruluse: Wa nthula wa ntheng? Ao makgakga-he, motho k'wena?

Wa bobedi: Kana, Morena, ke raya ke go roka jaaka ditlhako.

Folabiuse: Wa re o moroki wa ditlhako?

Wa bobedi: Ka rialo, Morena, ka re ke tshela ka thoko. Ga nke ke nna ke duba thankga ya banna ba bangwe, le fa e le ya basadi; ke itshelela fela ka thoko. Ke nna ngaka ya tlhako tse di onetseng, ke di fodisa fa di le mo diphatseng. Fa go na le monna mono yo o kile a rwala ditlhako tse dintle, o gatile tiro ya atla tsa me.

Folabiuse: Mme ke eng o se ko tirong ya gago gompieno?

O eteletse batho pele mo mebileng jaana, o a reng?

Wa bobedi: Kaitsane ba onatsa tlhako tsa bone gore ba nkokeletse tiro. Totatota, re itapolosetsa go dume disa Kesara le go itumelela phenyo ya gagwe.

Maruluse: Lo itumelela phenyo mmaamang? O tsile a gapileng? A go na le melatswana mengwe e e elelelang ko Roma mo motlhaleng wa gagwe, e tla e gagamatsa maoto a koloi ya gagwe? (Mme ntla maoto a koloi tsa gagwe a sa ntse a kgaolwa ke bathudi fela, jaaka maoto a koloi tsa batho botlhe!) Dio tsa disana, tsa matlapa, di se nang maikutlo! Bopelo-e-,thata ke Iona, Maroma a a setlhogo! A ga lo ise lo ko lo utlwele Pompeiuse? Gantsintsi gakae lo aga lo thobela dipotana tsa dikanse, lo tlolela difensetere, lo goya ditorio, lo ba lo tswa ka metlhoboloko, lo kotama ko godimo lo kamakamile bana, lo koame gone, lo rototse matlho tsatsi lotlhe, lo lebeletse go tla bona Pompeiuse a ralala mekgwatha ya Roma. A ga e a re, lo bona koloi ya gagwe e tlhaga, lwa tshela lesalawa, noka ya Tiberi ya ba ya tetesela mo potaneng tsa yone? A ke Iona ha gompieno lo kgabileng? A ke Iona ba gompieno lo itirelang tsatsi la boikhutso? A ke Iona ba gompieno lo gasang dithunya mo motlhaleng wa motho, a tla a sapa mo mading a ga Pompeiuse? Tlogang lo ye gae, lo ye go khubama ka mangole, lo rapele badimo, ba kganele petso e e tla latelang botlhoka tebogo jo.

Folabiuse: Eyang, eyang bagaetsho, lo phuthe bahumanegi ba ko magalona. Ba gogeleng ko nokeng ya Tiberi, lo tlatse molapo ka dikeledi tsa Iona, di elele, di be di ye go thelegela ko melelwaneng e megolo.

(*Batho ha a phatlalala*)

A ko o bone le pelo tse mpe tsa bone di sa rokgo nyege. Ba phatlalala fela, teme tsa bone di sa ntse di bofilwe ke molato. Fologela ka fa motseng ka fa, o ye go bona gore go irwang; nna ke tla ya jaana; o apole ditshwantsho fa o ka fitlhela di kgabiseditswe motlabego.

Maruluse: O bua rure? Kaitse gompieno ke moletlo wa Luperekale.

Folabiuse: Gase sepe. O bone base ka ba kgabisa dietsela le ditshwantsho tsa ga Kesara. Nna ke tla leleka matlalapoa mo mebileng. Le wena ka kong, o ba phatlalatse fa o bonang ba kokoane teng. Fa re ka khumola diphafa tsa ga Kesara, di ise di gole bobe, re tla kokobetsa diphofa tsa gagwe. E seng jalo, o ka tla a nanoga a rurela godimo-dimo ga tlhogo tsa batho ba bangwe, a ba a re abela dipoifo tsa setlhanka.

Temana II

E sa le teng mo mebileng ya Roma. Phala di a lela. Go tlhaga Kesara, Antoniuse, Kalephurunia, Porotia, Dekiuse, Kikero, Borutuse, Kasiuse, Kaseka, le bontsi jo bogolo, e bile bo tsentse Ngaka mo teng.

Kesara: Kalephurunia!

Kaseka: Didimalang! Kesara o a bua.

(*Phala di a kgaotsa*)

Kesara: Kalephurunia!

Kalephurunia: Ke fano, Morena wa me.

Kesara: Ema mo tseleng ya ga Antoniuse, ka fa o tla garagatshegang ka teng. Antoniuse!

Antoniuse: Kesara, Morena!

Kesara: O se ka wa lebala mo matsobaneng a gago, Antoniuse, e re o feta, o ikgotlhe ka Kalephurunia. Bagologolo ha re, meopa e e angwang mo letsho long la boitshepo e a tle e itlhotlhore thogo ya boopa jwa yone.

Antoniuse: Ke tla gakologelwa, Morena. Fa Kesara a re, "Dira sennanne", sea direga.

Kesara: Tsamaisang, lo se tlogele motshameko ope.

(*Phala di a lela*)

Ngaka: Kesara!

Kesara: Hee, go bitsa mang?

Kaseka: A ko lo thodiseng dithatla. Didimalang gape.

(*Phala di a kgaotsa*)

Kesara: Yo o mpitsang mo lesomong e mang? Ke utlwa loleme lo lo molodi o gaisang wa diphala, lo re, "Kesara!" Bua, Kesara o reeditse.

Ngaka: O itlhokomele mo tshometsong ya Kgwedi Mopitlo.

Kesara: Motho yo e mang?

Borutuse: Ke Ngaka, ea re, o itise fa kgwedi eno e tlhatswa ngwedi.

Kesara: Mo lere fa, ke mmone sefatlhogo. Wa reng, monna? Bua gape, ke utlwe!

Ngaka: Ka re, o itlhokomele ka Kgwedi-Mopitlo.

Kesara: O a lora; a re mo tlogeleng. Fetang!

(*Ba phatlalala botlhe; go sala Borutuse le Kasiuse*)

Kasiuse: A ko o ye go bona gore letlatswa le ntse jang.

Borutuse: Ke a gana.

Kasiuse: A ko o ye, ke a go rapela.

Borutuse: Pelo ya me ga e mo motshamekong. Ke tlhoka matlhagatlhaga a ke a bonang mo go Antoniuse. Sala sentle, Kasiuse, ke se kgoreletse dikeletso tsa gago.

Kasiuse: Mo malatsing ano fela, Borutuse, ga ke go tlha loganye. Ga o tlhole o na le lorato, le pelo-nama gadi e o no o tie o e ntirele, e a re o na le tsala ya gago e e go ratang fela, o e tlhanolele seatla.

Borutuse: Kasiuse, o se ka wa tsietsega. E a re fa ekete ke itshirile, ke tlhanolele khuduego ya sephaphela sa me ka ko teng. Sesa jaana, ke tsogetswe ke matswa lo a diphapang, kakanyo tse di lebanyeng nna fela. Se se teng, ditsala tsa me, mmogo le wena, Kasiuse, lo se tshabe ka dikgopolo tsa gore, Borutuse o feletswe ke lorato. Le fa ekete ga lo bonale, itseng gore go itwantsha nna, e seng yo mongwe.

Kasiuse: Ntekane, ke ntse ke sa go tlhaloganye, monna. Huba sa me se ntse se kgotshe merole e metona ya dikakanyo kgatlhanong nao. A ko o mpolelele, Borutuse, a o ipona sefatlhogo?

Borutuse: Nnyaa, Kasiuse, leitlho ga le itebe, le ipona mo dilong tse dingwe.

Kasiuse: O bolelela rure. Se se utlwisang botlhoko fela, ke ka o se na seipone se se ka senolang botho jwa gago jo bo fitlhegileng, wa ba wa bo bona ka leitlho le moriti wa gago. Ke utlwile Maroma a magolo-ko ntle ga Kesara yo o sa sweng-ba ngongoregisiwa ke mekgweleo ya Roma. Fa ba tla go umaka jokwe yo o boketekete, ba ba ba re, Ntla Borutuse o koo a na le itlho le le bonang!

Borutuse: Kana o ntlholelang-he, Kasiuse? A o tla re, ke itlhotlhomise dilo le tse di seng mo teng ga me?

Kasiuse: Ee, mme hula ditsebe-he, o utlwe. Ka e le fong, o itse gore ga o ka ke wa ipona go se na seipone. Nna, seipone sa gago, ke tla go senololela ka bori bogagago jo o sa bo itseng. O se ka wa ntirela bopelo-e-tshetlha, Borutuse yo o maatlametlo:fa ke ne ke le Raditshegwane yo o tsamayang a ipobola mo serukutlhing sengwe le sengwe se se tlang; fa o no o itse jaaka ke aga ke itsokatsokanya le batho, ke ba tlamparela thata, e re ba hulara, ke sale ke ba seba mo metlabegong:teng o no o ka re, ke setlhodi.

(*Phala. Modumo ko ntle*)

Borutuse: Hee, mekgosi e ke yang? E se be morafe o tlhophile Kesara go nna kgosi!

Kasiuse: Re ntse jaana, a mme o a boifa? A ke gore ga o rate?

Borutuse: Ga ke rate, Kasiuse, ntswa ene ke mo rata sentle. Kana o ntiile jaana-he, o no o tsile go mpolelelang? Fa e le sengwe se se ka lemofalelang morafe, tsenya tlotlo mo itlhong le lengwe, o tsenye loso mo go le lengwe, ke tla di dilola tsoopedi; badimo ba nthuse, ke rate tlotlo go gaisa jaaka nka tshaba loso.

Kasiuse: Kana ke itse senyonyo seo sa gago, Borutuse, fela jaaka ke ikitse. Mafoko a re mo go one, ke a tlotlo. Pela ga ke itse gore wena le banna ba bangwe lo a reng ka botshelo jono:mme fa e le nna ke le nosi, eete bogolo nkoo ke sule go na le go tshelela mo poifong ya sekopa se tshwana le nna. Ke tsetswe ke le motho jaaka Kesara, le wena fela jalo. Re otlilwe jaaka ene, e bile re ka itshokela mala a mariga fela jaaka ene. E kile ya re go le maruru, phefo di tsubutla, metsi a Tiberi a hudue gile, e bile a ntse a tsokotsa dipota, Kesara a nthanya a re, "A o ka tlolela le nna mo bodibeng jo, Kasiuse, ra sapa ra tshelela moseja ole?"

E rile a rialo, ka ithabuetsa, ke ntse fela jaaka ke ne ke ntse, ka re, a ntatele. A ikakgela. Morwalela wa suma, ra o thuba ka masetla a senna, ra o tsetsereganya, ra o thiba, pelo tsa rona di tsere kgang le one. Ke tshoga e re re ise re fitlhe ko re yang, Kesara a ntsha mosi ka sekhurumelo, a nna a re, "Nthusa, Kasiuse, ke a nwela!" Pela jaaka rraetsho-mogolo Enease a kile a ogola monna mogoloAnkhisese mo dikgabong tsa Teroya, a mmelege ka marudi, le nna ka inola Kesara jalo, a lapile mo dikgaphatsegong tsa Tiberi. A ke ene o ka dimofalang go le kalo, nna ka kokobela, gore e ne e re Kesara a ota tlhogo, Kasiuse a goduagana a ba a bokolela jaaka sebokoledi se menagana?

O kile a tlhaselwa ke letshoroma ko Sepania, ka mmona a roroma, e bile a ntse a fefera. Dipounama di thuntse; itlho la gagwe le gale le roromisang lefatshe, la tima ditlhase tsa lone, ka ba ka utlwa a sonela; loleme lwa gagwe lo lo kgalemelang Maroma, lo a kwadise dipuo tsa gagwe, ka fitlhela lo tepeletse jaaka lwa mosetsanyana, lo re:"Ako o nnose, Titiniuse" Ke gakgamala fa sefotshwanyana se se tshwanang nae se ka sia bonatla jwa lefatshe, sa ya ka mokgele se le sosi.

(*Mokgosi. Phala di a le/a*)

Borutuse: A ko o utlwe le mokgosi oo. E ka ne e le tlotlo tse di ntsha tse ba di etleeletsang Kesara.

Kasiuse: Lefatshe le ngotlegile ka fa tlase ga dinao tsa gagwe. 6 gwanta mo go lone fela jaaka Kolosuse, rona batlhankana re titatita ka fa tlase ga maoto a gagwe, re tankatanka, re batla koo re ka bonang gone mabitla a bohutsana. Maemo a batho gantsi a laolwa ke beng ba one; fa re le kananyana, molato, Borutuse, ga o mo dinaleding tse re tsetsweng ka tsone; o mo go rona ka rosi. Borutuse le Kesara:Ke eng se se kanakana mo go "Kesara"? Ke eng leina leo le tumile go feta la gago? A ko o a kwale oomabedi mo pampiring:o tla fitlhela go le gontle la gago. A ko o a bitse:o tla fitlhela la gago e le lone le utlwalang sentle mo ganong. A lekanye:o tla fitlhela go le bokete la gago. Loa ka one:o tla bona la gago le tshosa badimo ka bonako fela jaaka la ga Kesara. Mme ke eng mo go ene se se tsebe kalokalo? Kesara o ja nama ya kgomo tse di jang fa a godile a le kanakana? Paka tseno, lo tlontlologile! Roma, o latlhegetswe ke lotsalo lwa madi a kgoro! Go simologile leng gore dipotana tsa Roma di dikanyetse motho a le esi? A jaana Roma e tsamaile e sa ntse e le Roma, fa a ka tloga a tlala motho a le esi ka monwana? Nna le wena, re utlwile bo-rraetsho ba bua ba re, go kile ga ne go na le Borutuse yo o na a ka thulaka Satane, a tlhoma bogosi jwa gagwe mo Roma, a ba a mo kgalemela fela jaaka kgosi.

Borutuse: Ke ntse ke sa belaele fa o nthata. Se o se ntlho tlheletsang, ke a se lemoga. Maikaelelo a me a a amang mafoko a, le dipaka tse, ke tla a go kano lolela morago. Ga jaana ka re, intshokatshokele, ke tla akanya mafoko a gago a gompieno. A a setseng, ke tla a leta ka pelo e telele, ke be ke bone lobaka lwa go reetsa le go araba. Ga jaana, motho-etsho, tlhahuna mantswe a:Borutuse o ka mpa a aga mo mantlonyaneng a metsana e e kwa thoko, go na le go bidiwa monna wa lekgotla la Roma mo maemong a a ntseng jaaka a.

Kasiuse: Ke itumela fa mafokonyana a me a tlhoseditse molelo o o kanakana mo go Borutuse.

Borutuse: Tshameko di fedile; Kesara o a boa.

Kasiuse: E re ba feta, o goge Kaseka ka ntlha ya kobo, mme ka fa temalong ya gagwe o tla go bolelela tsotlhe tse di tlhotseng di diragala.

(*Kesara le mmopela ha a t!haga*)

Borutuse: Ke tla rialo. Bona, Kasiuse, jaaka mabifi a itshupa mo phatleng ya ga Kesara, batho ba bangwe botlhe ekete ba omantswe. Tlhaa lwa ga Kale phurunia lo sulafetse; matlho a ga Kikero a tlhaba fela jaaka re kile ra a bona ko-mosate fa a gakaditswe ke banna ba lekgotla ka mafoko.

Kasiuse: Mafoko re tla a utlwela ka Kaseka.

Kesara: Antoniuse!

Antoniuse: Kesara!

Kesara: Nkokoanyetse banna ba ba nonneng, ba ba tlhogo di borethe, ba ba thulamelang ka masigo otlhe. Kasiuse yole o bopame bobe, ekete motho a sa je nama; o akanya bobe; batho ba ba ntseng jalo ba a boitshega.

Antoniuse: Ga a. na sepe, Kesara, ke Moroma wa losika, wa mohumi, ga a boitshege.

Kesara: Ga ke mmoife; se se teng fela, ekete o koo a nonne. Ga nke ke boifa batho, mme fa ke ne ke le disase, nkoo ke sa tshabe motho ope jaaka Kasiuse yo o mokodue. O bala bobe, o tlhoko, matlho a gagwe a phunyeletsa tiro tsa batho. Ga a rate metshameko jaaka wena, Antoniuse. Ga a rate dipina. Ga a ka a tshega; le fa a nyenya, ekete o sotla ka ditshego. Batho ba ba ntseng jalo, ga e ke e re ba bonye motho a ba gaisa ba iketle. Ke sone se ke reng, ba a boitshega. Fa ke riana, ga ke ree gore, ke a mo tshaba-gonne ke tla aga ke ntse ke le Kesara; fela ke go bolelela se se tshwanetseng go tshajwa. Mpota ka fa, kala ya ka, o ntshebetse mo tsebeng e tonanyana-e namagadi ga e utlwe sentle-gore wena o mmona-bona jang?

(*Boo-raKesara baa tswa, Kaseka o a sala*)

Kaseka: O nkgogelang ka kobo? A o no o rata go mpuisa?

Borutuse: Ee, Kaseka. Ke eng Kesara a tlhoname jaana?

Kaseka: Ntlhomane le wena o no o le teng?

Borutuse: Fa ke ne ke le teng, nkoo ke sa go botse.

Kaseka: Ba rile ba mo rwesa serwalo sa bogosi, a se phaile ka seatla jaana; ke fa batho ba tlhaba mokgosi.

Borutuse: Mokgosi wa bobedi e nee le wang?
Kaseka: Le one e nee le wa serwalo.
Kasiuse: Ke ba utlwile ba goa gararo. E ne e le megoo yang?
Kaseka: Le yone fela jalo.
Borutuse: A ba mo neile serwalo gararo?
Kaseka: Pela jalo; a se gana gararo. Se se teng, o na a le pelo-pedi, a se gana jaaka motho a sa rate go gana. A swabe, e re a sena go gana, morafe o duduetse.
Kasiuse: O na a abelwa e mang serwalo?
Kaseka: Ke Antoniuse.
Borutuse: A ko o re bolelele ka fa go tsileng ka teng, Kaseka.
Kaseka: Ga ke itse ka fa go tsileng ka teng, fela jaaka ke sa itse fa kolobe a le kana ka poo; ke ne ke sa tlho komela. Ke bonye Marekuse Antoniuse a mo naya serwalo-le sone e se serwalo, e le kgare. E rile a ntse a se newa, a ntse a se gana, ya bo ekete dinala tsa gagwe di ganelela mo go sone. 6 se abetswe gararo, a se gana gararo, morafe o ntse o goeletsa, batho ba opa dikgofi, e bile di tsogile mababadi, ba latlhela dipuana ko godimo, ba gobola megosane, e bile loapi lo nkga, ba itumela fa Kesara a gana serwalo. Megolokwane ya bone ya ba ya mo hupetsa mowa, a ngatega, a wela fa fatshe. Nna ka retelelwa ke go tshega, ke boifa go atlhama, ke gololela megosane ya bone mo setaataeng.

Kasiuse: Buela tlase:wa re wa reng-he? Wa re o na a idibala?

Kaseka: A pirigana fa fatshe, a ba a nna a phoka masulo, a tlhoka puo.

Borutuse: A o na a bolawa ke mototwana-he?

Kaseka: Ga ke itse. Se ke se itseng fela ke gore Kesara o na a wa; morafe one wa nna wa duduetsa, ka fa o kgatlhegang le ka fa o itumologang ka teng, fela jaaka babogedi ba metshameko ba duduetsa babini mo letlatsweng.

Borutuse: E rile a rarabologelwa, a reng?

Kaseka: E re ka batho ba ne ba itumelela kgano ya gagwe, a nkhunolodisa kobo ya gagwe, a re, ba mo kgaole mometso. Ke fa a tla wela fa fatshe. E rile a rulwa a re, ba mo itshwarele fa a buile sengwe sa kgopamo; ke ka ntata ya bolwetse jo bo mo go ene. Basetsanyana ba ne ba bapile le nna ba letsa megolokwane, ba na ba re, "A motho wa Modimo!", ba mo itshwarela ka pelo yotlhe. Ke bona gore le fa a ne a bile a bolaile bo-mmaabo, ba ne ba tla nna ba mo lebalela.

Borutuse: Morago ke fa a tla tloga teng a tsamaya a hutsa fetse?

Kaseka: Ee.

Kasiuse: Kikero ene o na a hua?

Kaseka: Ee, o na a hua Segerika.

Kasiuse: O na a reng?

Kaseka: Kikero nka re, o na a tshoma, gonne o nkahile ditsehe. Ba ha mo utlwileng, ke honye ba ntse ha nyenya, ha gadimana ba ntse ha thukutha ditlhogo; mo go nna, e ne e le ditshomi fela, ke sa itse gore o ntse a reng. Ga se gone gotlhe. Go diragetse manyobonyobo a le magolo mo maabanyaneng ano. Maruluse le Folahiuse ha kabilwe melomo, ga twe ba bonywe ba ntse ba thantholola diga tlhamelala tsa tshwantsho tsa ga Kesara. Salang sentle. Maithamako a ne a le mantsi, ke raya ka ke sa a gakologelwe otlhe.

Kasiuse: A ko o tie go ja le nna maitseboa, Kaseka.

Kaseka: Ke solofeditswe gosele.

Kasiuse: A o ka tla go ja le nna motshegare ka moso?

Kaseka: Fa re ka tsoga, o sa tlhanoga, le dijo di jega sentle, ke tla tla.

Kasiuse: Go sian; ie. Ke tla go emela.

Kaseka: Irialo. Salang sentle, boo-bedi.

(*O a tswa*)

Borutuse: Kana motho yo Kaseka o onetse jang! Kaitse o na a le botlhajana, a sa ntse a tsena sekole.

Kasiuse: Le gompieno o sa le matlhagatlhaga; e a re o tla mmona go bo go le mo ditirong, le fa ekete a ntse a boduagana jaana. Boatla jwa gagwe ke jone bogoko jwa mafoko a gagwe, gore a roromele sentle mo tsebeng tsa bareetsi.

Borutuse: Go ntse jalo; mme ke a tsamaya. Fa o santse o rata go mpuisa ka moso, ke tla tsoga ke go jela nala; le fa o ka nketela, ke tla go lebelela ko gae.

Kasiuse: Go siame. Ga jaana, akanya mafoko a lefatshe.

(*Borutuse o a tswa, Kasiuse o sala a bua a le esi*)

Kana o kgosi rure, Borutuse, le fa ekete letsopa le

o bopilweng ka lone le dubilwe ka se se le atlane gileng. Batho ba batona ba tshwanetse go utlwana le batho ka bone, ka gore ga go ope o tlhomameng fa o sa kakeng a ha a tlhola a thelema. Kesara esi fela ke ene o nkimelang. Fa ke ne ke le Borutuse, ene e le Kasiuse, o koo a sa nkgatlhe. Maitseboa ke tla latlhela ka fensetere ya gagwe dikwalo tse ekete di kwadilwe ke bontsi jwa banna ba motse, ba mmolelela ka fa Roma o mo akanyang ka teng. Morago ga moo, a nne sentle Kesara, a bone re se ikilele metlha e mebe, re mo tlhamolole, re ikilele.

(*O a tswa*)

Temana III

Mo mmileng. Tladi le dikgadima. Bo-Kaseka le Kikero ba tla ba sometse ditshaka.

Kikero: Dumela, Kaseka:a o gorositse Kesara? O fegelwa jaana-he, matlho a le diroto, go rileng?

Kaseka: Fa lefatshe le tsoketsega jaaka kala tsa setlhare, a wena le a ho le sa go tsikinye? Ijoo, Kikero, ke bonye ditsuatsue di khumola thito tsa makala ka medi; ke bonye makhubukhubu a metsi a lewatle a kokomoga, a ha a ya go lekana le maru; fa e le mo maabanyaneng ano, gone ke simolotse go bona kgwanyape di rotha dikgabo, di lakasela di ha di kapa magakgala. Fa e se gore, go ntwa 'a gae ko legodimong, mme lefatshe le kgakgafalela badimo gore ha gakatsege, ha akofise tshenyego ya lone.

Kikero: A o bonye sengwe se se gakgamatsang thata?

Kaseka: Molala yo o itsiweng-ke a bona le wena o mo itse sentle-ka tshoga a paralatsa letsogo, le tuka, le lakasela kgabo e e kana ka ya pone di le masome a mabedi, mme tsogo la gagwe le sa se. E sa le jalo-ke se nke ke somole tshaka ya me mo kgatleng-ko mosate ka rakana le tau, ya ntilola fela, ya mpheta e sa ntshwenye. Ka boa ka fitlhela somo la basadi ba le lekgolo, ba sisimosa mmele ke poifo, ha ikana ba re, ba bonye banna ba tuka dikgabo, ba farafara ka mekgwatha ya motse. Morubise maabane o fitlhile wa kotama mo mmarakeng ka sethoboloko, wa bokolela fela jaaka ekete go bosigo. Ga e ise e ke e re metlholo e diragala jaana, batho ba ithee, "Joo, malotle fela!" ba nne ba re "Ga se sepe, ke dilo tsa gae tseo, di a nne di diragale." E bile ke dumela fa e le botlhodi jwa dilo tse di tla tlhagang.

Kikero: E le rure, nako eno ke ya dikgakgamatso. Temalo ya batho ke go aga ba kanolola dilo ka fa kele tsong tsa bone, e seng ka fa di ntseng ka teng. A Kesara o tla tsoga a tla kgotla?

Kaseka: Ke utlwile a raya Antoniuse a re, a go itsise fa a tla tsoga a tla.

Kikero: Dumela-he, Kaseka; ga eke ere, loapi lo hudue gile jaana, batho ba nne ba tsamae mo go lone.

Kaseka: Dumela, Kikero.

(Kikero o a tswa. Go tsena Kasiuse)

Kasiuse: Ke mang fong?

Kaseka: Ke Moroma.

Kasiuse: Lentswe ke la ga Kaseka.

Kaseka: Kana o tsebe e e ntlha jang-he, Kasiuse! Hee, gompieno ke la bokae?

Kasiuse: Ke bosigo jo bo itumedisang banna ba ba tho kgameng.

Kaseka: Ke mang yo o itsileng gore magodimo a ka tsamaya a bifa jaana?

Kasiuse: Ke ba ba itsileng lefatshe le tletse dipha. Fa e le nna, ke raletse le diphatsa tsa masigo, ke tsamaya kerotoletse ditladi sehuba, jaaka o mpona, Kaseka; mme e re fa kgadima di fapaakana, ekete di fatola dihuba tsa magodimo, ke lebagane natso fela, e bile ke sa katele gope ko morago.

Kaseka: Totatota, lo no lo rumolelang magodimo jaana? Ke tshwanelo ya batho go roroma fa Modimo o mogolo o re tshosa ka dikai tsa kgalefo ya one, o romela ditabogi go tla go re rera.

Kasiuse: O bogorogoro, Kaseka. O tlhoka ditlhase tse di bonesang matlho a Moroma; le fa di le teng, ga o di dirise. O thuntse mmala; o tsamaya o kobakoba, o gakgamalela matlhasedi a loapi le mewa e e se nang boiketlo. Mme fa o ka gopola ka tshimololo ya dilo tse-go reng melelo e, le mewa e e kelebelang le loapi? Go reng dinonyane le dibatana tsa methalethale? Go reng metsofetsi e balabala, bana ba tlhalefa? Go reng dilo di fetoga mo popegong, mo maemong, le mo tshwa nelong ya tsone ya pele, di fetoga dilalomi?-ke gone o tla itseng fa di buduletswe mewa ke mago dimo, gore di tsenye poifo le thoromo kaga diromo tse di tlang. Mma-he, Kaseka, ke go bolelele motho yo o tshwanang fela le bosigo jo bo boitshegang, jo bo dumang jaaka leru, jo bo gadimangjaaka tladi, jo bo kakapololang diphupu, jo bo garumang jaaka tau ya mosate; motho yo o sa re gaiseng ka ditiro, mme a godile a boitshega fela jaaka ditsuatsue tse di gakgamatsang tse.

Kaseka: A o raya Kesara-he, Kasiuse?

Kasiuse: Le fa e. ka nna ene; gonne Maroma a gompieno a na le dinama le masetla fela jaaka bo-rraabo mogolo; fela se se seyongijoo nna wee!-ke tlhaloganyo tsa bo-rraetsho-mogolo. Re supa fa re saletswe ke pelo tsa sesadi tsosi, re sa tlhole re na le pelo-kgale tsa senna.

Kaseka: Ke utlwa go twe, lekgotla le tla tsoga le tlhoma Kesara go nna kgosi; a rwala serwalo mo lefa tsheng le mo lewatleng-gotlhe-gotlhelele ko ntle ga Italia esi.

Kasiuse: Fa go ntse jalo, mme ke itse ka fa ke tla tsayang lerumo la me ka gone; Kasiuse ke ene o tla gololang Kasiuse mo bokgobeng. Ke gone mo Iona badimo lo kgothatsang bafokodi teng; ke gone mo Iona badimo lo fenyang batlhorisi teng. Ga go torio ya maje, le fa e le potana tsa kgotlho, ga go teronko e e sa tseneng phefo, kgono keetane tsa tshipi, di ka huparelang mowa wa motshedi. Botshelo fa bo tennwe ke mephakalego ya lefatshe, ga bo tlhoke thata ya ikgololo. Ke itse, le lefatshe le itse, gore tlhoriso e e nkelameng, e ka re fa ke rata, ka itlhotlhora.

Kaseka: Le nna, jaaka setshwarwa sengwe le sengwe, ke huparetse masetla a a ka phimolang botshwaro Jwa me.

Kasiuse: Ke eng Kesara e le motlhorisi? Ke itse gore motho wa batho ga aka ke a intsha phiri fa Maroma a ne a sa iphetola dinku; o koo a se tau fa Maroma a ne a sa itira dinone. Batho ba ba thetheletsang molelo ka lepotlapotla, ba o gotetsa ka ditlhokwa. Kana Roma o fetogile matlakala jang, motshotelo o o latlhelwang mo thutubudung, fa o ka godisa, a kgabisa diphera tse go tweng Kesara. A jaana-he, botlhoko, o nkisitse kae? A fa ke ntse ke bua le senokwane se se itumelelang bokgwaba? Fa go ntse jalo, ke itse gore ke tshwanetse go ikarabela. Se se teng, lerumo la me ke le, ga ke boife sepe.

Kaseka: O bua le Kaseka, ga o bue le senokwane. Ntshwara ka seatla. Tlhabanela tshiamiso ya ditshiamololo tse! Nao lwa me lo tla tsamaya le motsamai yo o tsamaelang kgakala.

Kasiuse: Re utlwanye. Itse-he, Kaseka, gore ke kgonne Maroma mangwe, a a pelo-kgale, go nthusa mo maikaelelong a me a serena, le fa a na le diphatsa; e bile ke itse gore ba ntetile ko kgorong ya ga Pompeiuse. Mo bosigong jo bontshontsho, ga go motho yo o tsikinyegang mo diferwaneng tsa toropo ya Roma, le diphefo di tshwana fela le tiro e re e ikaeletseng, tiro ya kgabo le madi, e e boitshegang.

(*Go tlhaga Kinna*)

Kaseka: Emela kwano, motho ke yo, o tla a le nao di bogale.

Kasiuse: Ke Kinna, ke mo itse ka mosepele; Kinna ke tsala.O potlaketse kae, Kinna?

Kinna: Ke batla wena. A yole ke Meteluse Kimmere?

Kasiuse: Nnyaa, ke Kaseka, mong ka rona. A ke letilwe, Kinna?

Kinna: Ee, ke a itumela. Mo bosigong jono, re kile ra bona matlhomola.

Kasiuse: A ga ke a letwa? Mpolelela.

Kinna: Ba go letile. Fela, fa o ka kgona Borutuse, wa mo sokela ka fa go rona!

Kasiuse: Namatshega, kala ya ka Kinna, o tsee lokwalo lo, o ye go lo baya mo setulong sa mageseterata, fa Borutuse o ka lo bonang teng. Lo, o lo latlhele mo tlung ya gagwe ka fensetere; lo, o lo manege ka boka mo setshwantshong sa ga Borutuse; e re o sena go rialo, o itlhaganelele ko kgorong ya ga

Pompeiuse. O tla re fitlhela teng. A Dekiuse Borutuse le Tereboniuse ba teng?

Kinna: Yo o na a seyo fela, ke Meteluse Kimmere. 6 ile go go batla ko ga gago. Ke tla itlhaganela, ke ise dikhane tse, jaaka o ntaetse.

(*Kinna o a tswa*)

Kasiuse: Ntlo, Kaseka, re ye go fitlhela Borutuse ko ga gagwe, bosigo bo ise bo se. Karolo tsa ga Borutuse di le tharo di setse di le ka fa go rona; fa re ka mhitlhela, re tla mo sokolola gotlhelele.

Kaseka: Borutuse o tlotlilwe thata ke batho; se se fatlhang batho, fa se tswa mo go rona, se irwa ke ene, se fetoga maatlametlo a pheko tsa botswerere.

Kasiuse: E setse e le bosigogare; a re mo itlhaganelele, bo ise bo se, re mo tsose, re mo sokolole.

(*Ba a tswa*)

Tiragatso ya Bobedi

Temana I

Mo segotlong saga Borutuse. Go tlhaga Borutuse.
Borutuse:

Lukiuse! Lukiuse-wee! Ke re ka lelala dinaledi ke tse, ga di mpolelele gore bosigo. bo tla sa Ieng. Eete motho o ka go tswa, a robala, Lukiuse, fela jaaka wena! Nako ke eng kong? Tsoga, Lukiuse, o mpolelele!
(*Go tsena Lukiuse*)

Lukiuse: A o mpiditse, Morena? Ke nna yo.

Borutuse: Nntshetsa lobone mo kamoreng; e re o sena go gotetsa, o tle go mpitsa.

Lukiuse: Ee, Morena.
(*O a tswa*)

Borutuse: A motho yo o batla setulo sa bogosi? Se se teng, ga go itsiwe gore seo se ka fetola maikaelelo a gagwe jang. Ke tsatsi le le kganyang le le tlisang diphatsa. Fa re ka mo rwesa serwalo, re tla bo. re mo naya lomao lo e ka reng, fa a rata, a senya ka lone. Thogo ya bogolo ke fa bo kgaoganya maikutlo a motho le thata ya gagwe. Ke temalo ya botho gore boikokobetso bo tswe sepalamo sa bafaladi, se mopalami a palamang ka sone:e re fa a sena go palamela godimo, o bone a hularela sepalamo se a tlhatlogileng ka sone, a lelalele ko godimo, a nyatse direpodi tse a ikgoleditseng ka tsone. Kesara e ka re gono a rialo. Gore a se rialo, a re mo kganele e sale gale. Mme e e ka molato o a bo o se tlo go ja mootlhodi, a go tuana:sebele sa gagwe e ka re fa se okediwa, sa photlela ko dikaleng tsele le tsele. Ka moo-he, a re mo akanye jaaka nogana e sa ntse e le mo letsaeng la mmaayo, e e ka reng, fa e thubile, ya gola ya dirakanya dilo. Ka moo-he, e bolae e sa le mo letsaeng.

(*Go tsena Lukiuse gape*)

Lukiuse: Lobone lo a tuka mo ga gago, Morena. E rile ke apaapa fensetere, ke batla lotolo, ka bona khane ke e, e kannwe; ke tlhomamisa gore e rile ke ya go robala, ya bo e seyo.

(*O naya Borutuse khane*)

Borutuse: Boa, o ye go robala, mahube a sa Je kgakala. A Kgwedi-Mopitlo ga a tlhatswe ka moso? A ko o lebe alemanaka, o tie go mpolelela.

Lukiuse: Ee, Morena.

(*O a tswa*)

Borutuse: Mme ntla matlhasedi a mo loaping a bonesitse sentle, e bile nka bala ka one.

(*O hula lokwalo, o a bala*)

"Borutuse, o robetse:tsoga o ipone! A Roma o tla ...? Bua, o ruthe, o siamise! Borutuse, o robetse:tsoga!" Ditlhotlheletso tse di ntsengjaana ga di bolo go nna di latlhelwa mo go itsiweng ke tla di sela teng. Ga twe, "A Roma o tla ...?" Ke gore, a Roma o tla kgamphisiwa ke motho a le esi? Mang, Roma? Bo-rraetsho ba lelekile Tare kwiniuse mo dikgorong tsa Roma motlhang go go no go twe o newa bogosi. "Bua, o ruthe, o siamise!" A ke lotswa gore ke bue, ke ruthe? Ao, Roma, ke a go solofetsa: fa tshiamiso e le teng, o tla amogela topo ya gago mo diatleng tsa ga Borutuse!

(*Lukiuse o tsena gape*)

Lukiuse: Morena, Kgwedi-Mopitlo o some le le motso mone.

(*Ko, ko, ko, ka mo teng*)

Borutuse: Go siame, eya ko kgorong, mongwe o a kwanya kwanya.

(*Lukiuse o a tswa*)

Fa e sa le Kasiuse a ntlhotlheletsa kgatlhanong le Kesara, ke se nke ke robale. Go thoma ka mafega a ntlha, go digela ka maikaelelo, lobaka lo lo fa gare lo ntse fela jaaka toro .e e sisimosang mmele. Boboko le bathusi le bathusinyana ba gagwe botlhe ba mo dikakanyong;

mmuso o o mo mo thong, jaaka mmuso wa lefatshe, o bo o tlhasetswe ke borukutlhi.

(*Lukiuse o tsena gape*)

Lukiuse: Morena, monnao Kasiuse o fa kgorong, o batla go go bona.

Borutuse: Ao esi?

Lukiuse: Nnyaa, Morena, o na le ba bangwe.

Borutuse: Ao a ba itse?

Lukiuse: Nnyaa, Morena, ba kokotetse dipuana mo ditlho gong ka ditsebe, ditlhaa tsa bone di bipilwe ke dikobo. Ga ke na ka fa nka ba tshwantshang ka teng.

(*Lukiuse o a tswa*)

Borutuse: A ba tsene. Ke ba rona. Ao, borukutlhi, a jaanong o tshaba go senola sefatlhogo sa gago bosigo, fa masula otlhe jaanong a golegilweng teng? Fa o itshaba bosigo jaana, motshegare gone o tla bona kae selao se se ka subang boso jwa gago? So ntso se senka:- fitlha maswe a boso jwa gago ka ditshego le dinyao, gonne motlhang go o aparang tshwano ya gago ya popo, Ramasigo ka esi ga a ka ke a tlhola a go kganela.

(*Go tsena dirukutlhi, Kasiuse, Kaseka, Dekiuse, Kinna, Meteluse Kimmere, le Tere boniuse*)

Kasiuse: Kana mme ntla Borutuse, re tsile go go kgomodisa boikhutso. Dumela, Borutuse. A ga re go tshwe nye?

Borutuse: Lo fitlhela ke tsogile. Ke letse ke sa robala. A ba ba tlang nao ba ke a ba itse?

Kasiuse: Botlhe. Ga go ope wa bone yo o sa go tlotlang. Botlhe ba eletsa o koo o no o itlotlile jaaka Maroma a go tlotlile. Tereboniuse ke yo.

Borutuse: O siame; a a nne fatshe.

Kasiuse: Yo ke Dekiuse Borutuse.

Borutuse: O siame le ene.

Kasiuse: Yo ke Kaseka; yo ke Kinna; yo ke Meteluse Kim.mere.

Borutuse: Ba siame botlhe; a ba nne fatshe. Fa gare ga masigo le matlho a Iona, ditlhobaelo tse di kana kana tse ke tsang?

Kasiuse: A le nna nka tsenya lefoko?

(*Ba a seba, Borutuse le Kasiuse*)

Dekiuse: Botlhabatsatsi ke jo; a bosigo ga bo se fa?

Kaseka: Nnyaa.

Kinna: Bo sa teng rure. Ditselanyana tsele di phunyang maru, ke tsone barongwana ba meso.

Kaseka: Lo tla ipobola gore lo no lo fositse loobabedi. Tsatsi le tlhaba fa ke supileng teng ka tshaka fa, ke namane e tona ya tsela ya borwa; morago ga kgwedi di le pedi e tla bo e itshupa ka masedi ko leboa. Botlhabatsatsi bo fano fa.

Borutuse: A mongwe le mongwe a nnee seatla.

Kasiuse: Re bolele maikano a rona?

Borutuse: E seng maikano. Fa difatlhogo tsa banna, tshwe nyego ya mewa ya rona, thogo ya dipaka, fa meetlo e e sa **tia,** khutlang go sa le gale, mongwe le mongwe a boele ga gabo, a ye go namolela mo diphateng; tlhoriso e re gololele e re tlhotlhorege, le motho-sebele a nne a pirigane jaaka moretlwa. Mme fa thaka e na le molelo o o lekanyeng go kuketsa magatlapa, le go gotetsa pelo tsa basadi; fa eete di a gakologa gore di kwene jaaka tshipi; re sa batla dinti dife go gaisa khupa-marama tsa Seroma tse di ka re tlamang di sa katake, gore moetlo o diragale? Re sa batla maikano a eng gape, **fa** e se thokgamo mo tirong, re tshwaranye ka tiro-mmogo, gore maikaelelo a dirafale-e seng jalo, re ka tla ra wa, ra ba ra ribama ka mpa ya sebete? Ikaniseng, baperisita le magatlapa, ditshwakga le maferefere a matonanyana, dibodu tse di tsofetseng le mewa e e bogang e ikokobele ditse ditshiamololo. Mo tirong tsa bosula, ikani seng dibopiwa tse di sa ikanyegeng, e seng Maroma-sebele. A re ntse jaana wa re, tiro ya rona le tshiamo ya yone di tlhoka maikano atleng tsa Maroma? Fa Moroma a ka roba lentswe la gagwe, o itse gore madi a a elelang mo tshikeng tsa gagwe a pekanye le thothinyana dingwe tsa madi a seeng.

Kasiuse: Motho yo Kikero, ene o kae? A ga re kae go mo apaapa? Mme ntla ekete o ka ema sentle ka fa go rona.

Kaseka: Re se ka ra ba ra mo tlogela.

Kinna: Nnyaa, legoka.

Meteluse: Lo bolelela rure; meriri ya gagwe e mesweusweu e tla re bapalela maikutlo a a siameng mo merafeng, e re rekele mantswe a batho ba ba tla rerang ditiro tsa rona. Go tie go twe, re laolwa ke dika tlholo tsa gagwe, bonana le bogalagume jwa rona di nyelele tsotlhe mo tlhonamong tsa gagwe.

Borutuse: Nnyaa, mo leseng. Lo se ka lwa itapisa ka ene. Ga a ka ke a ba a latela selo se simolotswe ke ba sele.

Kasiuse: A a tlogelwe-he.

Kaseka: Rure ga a a lekana.

Dekiuse: A ga nke go angwa ope fela, fa e se Kesara?

Kasiuse: Dekiuse, o a bolela. Ga ke gopole gore go le banye fa motho yo o ratwang ke Kesara jaaka Marekuse Antoniuse, e ka re Kesara a swa, ene a sala.O ka tla a sala, a re logela seru se se bo tlhoko.O itse nonofo ya gagwe; fa a ka e oketsa, a e atolosa, e ka re e ata ya re kgoreletsa. Se se molemo ke gore Kesara le Antoniuse ba swe mmogo.

Borutuse: Re ka tla ra senya kgetse ya rona ka thololo ya madi, Kasiuse, fa e re, re sena go kgaola tlhogo, jaanong re kgabetlela mmele, jaaka kgalefo mo losong le ngomaelo morago. A re nne baitlhobogi, Kasiuse, e seng babitiedi. Re kgatlhanong le mekgwa fela ya ga Kesara; mo meweng ya banna ga go na madi. Ao, ntla ekete go no go ka irega gore re tshware mowa wa gagwe osi, re sa mo diga, ra mo dutlisa madi! Fela-joo nna wee! Kesara o tshwanetse go bolawa. Se se teng, bagaetsho, a re mmolaeng ka bopelo-kgale fela, e seng ka kgalefo. A re mo kgobeng jaaka nama ya segosi, re se mo kgabetlele bosebibi se segelelwang dintsa. A pelo tsa rona di etse balaodi ba ba botlhale, di hudue batlhanka ba. tsogele tiro ya kgalefo, e re morago re ipee jaaka eete re a ba omanya. Seo se tla dira gore maikaelelo a rona a eletsege, a se ka a hufelwa mo matlhong a morafe, re lebege jaaka batlatswi, e seng babitiedi. Fa e le Marekuse Antoniuse, se tlholeng lo mo gopola. Ga a ka ke a sala a dira sepe; o ntse fela jaaka letsogo la ga Kesara fa moswi a kgaotswe tlhogo.

Kasiuse: Nna ke boifa lorato lo 6 ratang Kesara ka lone.

Borutuse: Ao, Kasiuse, fa ka mmaannete a rata Kesara, ga e ka ke ya re Kesara a sena go swa, a tlhola a dira sepe fela, fa e se go tlhorega, a ba a swela Kesara. Mme ga a ka ke a ba a leka. O tshameka bobe; o matseba, e bile o rata batho fela jaaka tlala.

Tereboniuse: Ga a boitshege, se mmolaeng; gonne o tla tshela, e be e re morago a tshege ka tiragalo tse.

(*Orolosi e a tanya*)

Borutuse: Didimalang, balang nako.

Kasiuse: Ke nako ya boraro.

Tereboniuse: Ke nako ya go phatlalala.

Kasiuse: Kana re belaela gore, a Kesara o tla tla gompieno. Sesa jaana, o boifa dikgaba bobe; ga a tlhole a ntse jaaka gale, a ne a nyaditse mathaithai, ditoro, le madiridiri. E ka re kgotsa dipoitshego tsa bosigo jo, le dikeletso tsa meraba ya gagwe, tsa mo kganela go tla kgotla gompieno.

Dekiuse: Legoka; fa a ikaeletse jalo, nna nka mo kgona.

O rata go utlwa fa bo-seokanakana ba thaisiwa ka meru, dibera ka diipone, ditlou ka dikuta, ditau ka ditloa, le batho ka mepataiso. Nna ke tla mo raraanyetsa ka loleme; fa ke re, 6 ila mepataiso, o tla ntumela, a ba a tlhole a tsile mosate.

Kasiuse: Mahube a a tlhaga. Borutuse, re a go tlogela. A re phatlalaleng. Gakologelwang se lo se buileng, lo itshupe jaaka Maroma a mmaannete.

Borutuse: Senolang diphatla, lo di penole jaaka tsa batho ba tlhapetswe. Lo bone lo se senye kgetse ya rona ka go sosobanya difatlhogo. Bolokang mafoko a mo dihubeng, jaaka Maroma, ka maikaelelo a a tlhomameng, ka mewa e e sa lapeng, jaaka Maro ma. Bosa bo sele; tsamayang sentle lotlhe.

(*Ba a tswa; go sala Borutuse*)

Mosimane Lukiuse! Ao sa robetse, a o thulametse? Ga se sepe. Jaa monyo wa dijo tsa leitlho tse di bokete bo kana ka jwa mahura a dinotshi. Ga o na ditho le fa e le ditlhobaelo; ga o lore dithotsela tse di tshwenyang mafoko a batho; ke sone se o robalang, o ba o thulamela.

(*Go tsena Porotia*)

Porotia: Borutuse, Morena wa ka!

Borutuse: O a reng wena, o tsoga bosigo jaana? Lephakela le ga le a siamcla pholo ya mmele wa gago, le mororo e bile o sa itekanela.

Porotia: Le wena, lephakela le ga le a go siamela. O ngwe gile mo diphateng tsa me jaaka molotsana. Maabane e rile re lalela, wa tlogela dijo, wa nna wa ronaka, wa tloga wa fegelwa, o menne mabogo; ya re kc botsa gore, go tsenegetseng, wa ntilola jaaka sebatana; ya re ke go boletsa pele, wa ingwaya tlhogo, wa kata ka tlhako, jaaka pitse e kataka; ka re ka go khukhela, wa gana, wa ba wa mphaila seatla, wa re ke go tlogele. E rile ka ke tshaba go oketsa mafega a gago a a gotetseng bobe, ka ba ka re, a jaana ga se menyae fela e e tsogelang banna ka dipaka dingwe? Ga e lo jese, ga e lo buise, ga e lo robatse; fa e nee tie e tshwa nolole dipopego tsa Iona jaaka megopolo, nkoo ke sa tlhole ke go itse, Borutuse . Morategi, morena wa me, mpolelela letlodi la mahutsana a gago.

Borutuse: Ga ke a itekanela.

Porotia: Borutuse ke letlhale; fa a bobola, o ka potlaka a batla dingaka.

Borutuse: Ke a di batla, Porotia; eya go robala.

Porotia: Fa Borutuse a lwala, a ke tshwanelo go tsamaya a sa apara, mo serameng sa meso? Borutuse o a bobola? Ene yo o ngwegang mo diphateng tse di bothitho, a ngwangwaele a ye go tlhajwa ke phefo ya bosigo, a gakatse bolwetse jwa gagwe ka digatsetsa le digotlhola tsa serame? Nnyaa, Borutuse wa me, ga o bobole mmele; o lwala ditlhaloganyo. Ka maemo a me, ke ne ke tshwa netse go itse bolwetse jwa gago. Ke khubama ka mangole, ke go ara ka bontle jwa me jo bo kileng jwa tuma, ka maikano a gago otlhe a lorato, le ikano e kgolo e e re kitlantseng, ya re ira motho a le esi; ke mhama wa gago; o tshwanetse go ntshenolela se se go imelang, le banna ba ba letseng ba go ratela le bosigo. Ke bonye ba tla ba tshelela le fa ha ne ba ka supa, ba itshopeletse, e bile ekete ba iphitlhela lefifi.

Borutuse: O se ka wa khubama, Porotia.

Porotia: Ga ke tlhoke go khubama fa o ne o ntirela tshiamo. Ka kgolagano ya rona ya kemo, mpolelela, Borutuse, a go na le tumalano nngwe ya gore ke fitlhelwe makunutu mangwe a gago? A bongwe fela jwa rona, e ntse jaana, e bile bo tsamaya ka melelwane, gore ke tlhakanele dijo nao; ke go omosetse diphate, ke hue le wena ka paka dingwe, mme ke age ko mathokong a tlhapedi tsa gago tse dikgolo? Fa dilo di ntse jalo-he, mme Porotia nyatsi ya ga Borutuse, ga se mogatse.

Borutuse: O mosadi wa ka wa tlotlo, yo o popota, yo o rategang fela jaaka thothi tsa madi tse di tlola tlodisang pelo ya me.

Porotia: Fa o bolelela rure, mme ke tshwanetse go itse sephiri se. Ke a itse fa ke le mosadi; le fa go ntse jalo, ke mosadi yo o nyetsweng ke morena Boru tuse, mosadi yo o tumileng, morwadi a Kato. A e ka re, ke tsetswe jaana, e bile ke nyetswe jaana, ga twe ke mosadi yo o bosadi bo lekanang le bosadi jwa basadi ba bangwe? Mpolelela maku nutu a gago, ga nke ke a gasagasa. Ke tlhoma misitse sesupo sa maikano a me motlhang go ke ne ke itl-haba ntho ya lerumo mo lekotong. A nka rwala ntho mo seropeng ka pelo e telele, ka retelelwa ke diphiri tsa monna a nnyetse?

Borutuse: Ao! Ntla badimo ba ka ntiisa, gore ke tshwanele mosadi yo o maatlametlo yo.

(*Ko, ko, ko, ko, ko*)

Utlwa, mongwe o a konyakonya. Porotia, a ko o name o sa tsenye ka fa teng. Kgabagare sehuba sa gago se tla tlhakanela le nna makunutu otlhe a pelo ya me. Ke tla go kanololela ditiro tsa me, le makgerekgetshane otlhe a dikhutsafalo tsa sefa tlhogo sa me. ltlhaganele, o ntlogele.

(*Porotia o a tswa*)

Go konyakonya mang, Lukiuse?

(*Go tsena Lukiuse le Ligariuse*)

Lukiuse: Mmobodi ke yo, a re o rata go bua nao yo.

Borutuse: Kaiuse Ligariuse yo o umakilweng ke Meteluse. Mosimane, eya ko thoko. Ke eng, Kaiuse Ligariuse?

Ligariuse: Amogela tumediso tsa loleme lo lo bobolang.

Borutuse: Kana o tlhophile nako e e maswe jang ya go iphapa ka matsela? Kana o no o bobolelang?

Ligariuse: Fa Borutuse a tlhasela tiro e e tlotlegang, ga ke lwale.

Borutuse: Ke na le tiro e e ntseng jalo, Ligariuse. Fa tsebe tsa gago di sa lwale, nka e go senolela.

Ligariuse: Ke ikana ka medimo yotlhe e e obamelwang ke Maroma gore ke latlhakanya bolwetse jwa me. Ke ikana ka Moroma mogale yo o tsetsweng ke mankopa a a tlotlegang:O fetlheletse mowa wa me o o thulametseng. Ere, ke taboge, o tla bona ke mekamekana le dilo tse di retetseng, ke ba ke di fenya. Ke ireng?

Borutuse: Tironyana e e tla fodisang babobodi.

Ligariuse: A ga go na bape ba ba fodileng, ba re tshwanetseng go ba bobodisa?

Borutuse: Le yone e teng; ke tla e go bolelela fa re tsamaya.

Ligariuse: Tsholetsa lonao, ke tla go latela ka pelo e e tukang sesa. Ga ke itse se re yang go se dira; fela, fa ke gogwa ke Borutuse, go ntekanye.

Borutuse: Ntatela-he.

(Ba a tswa)

Temana II

Mo tlung ya ga Kesara. Tladi le dikgadima. Go tsena Kesara a apere kobo tsa bosigo.

Kesara: Legodimo le lefatshe di letse di sa itapolosa. Gararo Kalephurunia o letse a bokolela, a thu lametse, a ntse a re, "Thusang, batho ba bitiela Kesara!" Ke mang mo teng?

(Go tsena Motlhanka)

Motlhanka: Morena!

Kesara: Raya baperisita, ba supele ditlhabelo, ba tle go mpolelela pheletso ya tsone.

Motlhanka: Ke tla ya, Morena.

(O a tswa. Go tsena Kalephurunia)

Kalephurunia: O a reng, Kesara, wa re o a tsamaya? Ga nko o tlhola o dule ka ntlo gompieno.

Kesara: Kesara o tla tswa. Dilo tse di nkgomelang ke tse di ka ko mokotleng; fa di nteba sefatlhogo, di a tlhapa, di a tima.

Kalephurunia: Ga ke ise nke ke tshosiwe ke metlholo; mme fa e le ya gompieno, yone ke a e tshaba. Dilo tse re di utlwileng, le tse re di bonyeng, di a boitshega, ka di kaya mafaratlhatlha a a bonyweng ke badisana. Ba re, tau e namagadi e tsetse mo mmileng, batho ba ntse ba e lebile; mabitla a atlhama, a kgwa baswi; batlhabani ba bagolo ba lwa ko godimo ga maru ka makokokoko a a ikgatlhetseng ntwa ka tumo ya ditlhabano mo loaping; pitse di lela, baswi ba fefera ditsalo, madi a ba a nna a phaila setlhoa sa mosate, dithotsela di bokolela, di goa mo mebileng. Ao! Kesara, dilo tse ga di a tlwae lesega; ke a di tshaba!

Kesara: Fa dilo di rulagantswe ke badimo ba ba thata, motho o ka di tilela kae? Kesara o tla bolola, ga nke a kganelwa ke dilo tse di tlholetseng batho botlhe, e seng Kesara fela.

Kalephurunia:

E a re fa dikhutsana di swa, re se ke re bone metshotshonono; motlhang go go swang magosana, go tuka le magodimo ka osi.

Kesara: Bo-disase ba swa gantsintsi ba sa ntse ba tshela; dinatla tsone di rakana le loso gangwe-fela fela. Mo dikgakgamatsong tsotlhe tse nkile ka di utlwela, ke gopola di fetwa ke kgakgamatso ya poifo. Go tshajwang, ka eete loso, bokhutlo jo bo tlhokafalang, lo tla tla motlhang go lo tlang?

(*Motlhanka o a tsena*)

Ba reng bo-reaitse?

Mot/hanka: Ba re, o se ka wa ba wa ntsha tlhogo mo tlung gompieno. E rile ba sena go tlhaba nku, ba e rala, ba fitlhela e se na pelo mo diretlong.

Kesara: Ke tiro ya badimo eo; ba re tlhabisa ditlhong fa ba bona bogatlapa jwa rona. Fa Kesara a ka tlhola a bobile mo tlung, o tla bo a tshwana le sebatana se se se nang pelo. Nnyaa, Kesara ga a bobele sepe; le tlalelo tota e itse fa Kesara a tlaletsa go e gaisa. Re tau di le pedi tse di tlhagileng ka letsatsi; nna ke tla bolola, gonne ke tau e kgolwane, e e boitshegang go e gaisa.

Kalephurunia: Ao, morena wa me, botlhale jwa gago bo feditswe ke bogale! Se tsamae! O tla re, o diilwe ke boboi jwa me, e seng jwa gago. Re tla romela Marekuse Antoniuse ko lekgotleng, re re, o a lwala. Mma ke go rapele ke khubame ka mangole, ke go kgone mo topong e.

Kesara: Marekuse Antoniuse o tla . re, ga ke a itekanela; ka ntata ya gago ke tla tlhola mo gae. Dekiuse Borutuse ke yo, o etla, o tla ba bolelela.

(Go tsena Dekiuse)

Dekiuse: Madume, Kesara! A motlotlegi a dumele! Ke tsile go go biletsa ko lekgotleng.

Kesara: O tsile sentle. O tla isa ditumediso tsa me ko banneng ba lekgotla, o re, ke robile sogo. Fa nka re, ke a palelwa, e tla bo e le boitimokanyo. O tla re, ke robile sogo gompieno.

Kalephurunia: Ere, O botlhoko.

Kesara: Kesara a romele leaka ko kgotla? E re ke sena go otlolola mabogo a me mo ditlhabanong, ke tshabe go bolelela metsofetsi boammaarure? Dekiuse, tsamaya o ba ree ore, Kesara ga a tie.

Dekiuse: A ko o mpolelele kgoreletso, mogale Kesara; e ka tla ya re fa e seyo, ba tshega ka nna fa ke ba latolela.

Kesara: Kgoreletso e mo keletsong ya me. Ga ke tle; banna ba lekgotla ba tla tlhaloganya. Mme wena, ka ke go rata, ke tla go lotlegela. Ke kganetswe ke Kalephurunia, mosadi wa me. O letse a lora, a bona setopo, sa me se ntse jaaka molapo o o metswedi e e lekgolo, e elela madi, Maroma a tla a tshega a le mantsi, a tlhapa diatla mo go one. A re, seo ke ditlhagiso, dikai, seromo; a khubama ka lengole, a nthapela, a re, ke tlhole mo gae.

Dekiuse: Toro eo ga e a phuthologa sentle. Ke sebono se sentlentle, sa boitumelo. Setshwantsho sa gago se tlhatsa madi ka metswedi e le mentsi e tlhapisa Maroma, se supa fa Roma yo mogolo a tla nwa madi a a tshedisang mo go wena; gore banna ba tlhapisa mebala, melodi, le dikgopotso mo go wena. Ke tsone di kaiwang ke toro ya ga Kale phurunia.

Kesara: Ke wena mme o bolelang, Dekiuse.

Dekiuse: Nama o se o rialo, o se o utlwe mafoko a me otlhe. Lekgotla le dumalanye go naya mothati Kesara serwalo sa bogooi. Fa o ka ba raya ware, ga o tie, ba tla tlhanoga ka sone. Gape, e ka nna ditlhong tse dikgolo jang fa ntona nngwe e ka ema ya re, "A lekgotla le phatlalale; le tla kopana ka nako esele, fa mogatsa-Kesara a sena go lora toro tse di botoka"! Fa Kesara a ka roba sogo, a basebi ga nke ba re, "Bonang tlheng, 6 a boifa"? O tla intshwarela, Kesara; ke lorato lwa me mo go wena lo reng, ke go bolelele mafoko a.

Kesara: A o bona boeleele jwa dipoifo tsa gago jaanong, Kalephurunia? Ke a swaba ka ke batlile go ineela mo go tsone. Nntshetsa kobo moo, ke apare, ke a ya. Bona, le bo-Pubiliuse ke ba, ba tsile go mpitsa.

(*Go tsena Pubiliuse, Borutuse, Ligariuse, Meteluse Kimmere, Kaseka, Tereboniuse le Kinna*)

Pubiliuse: Dumela, Kesara!

Kesara: Tsena, Pubiliuse. Le Borutuse, a le wena o pha ketse? Dumela, Kaseka. Kaiuse Ligariuse, Kesara ga a ise a ka a go bifele jaaka bolwetse jo bo go otisitseng. Nako ke mang?

Borutuse: Nako ke gone e ne e itaya ya bofeta-mmedi.

Kesara: Ke go lebogela matsapa le mafoko a gago.

(*Go tsena Antoniuse*)

Bona, Antoniuse yo o lalang a kalakatlega le bosigo, le ene o tsogile. Dumela, Antoniuse!

Antoniuse: Madume, motlotlegi Kesara!

Kesara: Ere, ba baakanye mo tlung. Ke molato wa me, ga ke bolo go letwa. Wena, Kinna, le Meteluse, le Tereboniuse, ke rata go bua le Iona ka baka sa ura; lo se ka lwa lebala go ntsela nala gompieno, kala tsa ka. Lo nkatamele, ntle ke lo gakologelwe.

Tereboniuse: Ke tla rialo, Kesara.

(*Ko thoko*)

Ke sa tla mo atamela rure, gore e re ke mo katoga, tsala tsaabo di be di eletse, ekete nkoo ke ne ke le kgakajana le ene.

Kesara: Ditsala, tsenang, lo hupe beine le nna, re tie re tloge mmogo jaaka tsala tse di utlwanang.

Borutuse (Ko thoko):Ditshwantshwang ga di tshwane, e bile pelo ya ga Borutuse e utlwa botlhoko go akanya jalo, Kesara.

(*Ba a tswa*)

Temana III

Mmila gaufi le Mosate. Go tsena Aretemidoruse, a bala lokwalo.

Aretemidoruse: "Kesara, o itise mo go bo-Borutuse le Kasiuse; o se ka wa ba wa atamela Kaseka; o tlhome leitlho mo go

Kinna; o se ka wa ikanya Tereboniuse; o ele Meteluse Kimmere tlhoko; Dekiuse Borutuse ga a go rate; o siamololetse Kaiuse Ligariuse. **Mogopolo** wa banna ba botlhe mongwe-fela-ke go nyeletsa Kesara. Fa o le ngwana wa motho yo o swang, o iteba-tebe; iketlo e thibogela borukutlhi. Badimo ba ba thata ba go boloke. Nna morati wa'ago Aretemidoruse." Ke tla ema fa, go tsamaya Kesara a feta, ke mo neele lokwalo lo. Pelo ya me e a swaba, fa tshiamo e sa tshele mo menong a nketso. Fa o ka bala lokwalo lo, Kesara, o tla tshela-e seng jalo botshelo jwa gago bo na le kabalano le dilalogi.

(*O a tswa*)

Temana IV

Fa pele ga ntlo ya ga Borutuse. Go tsena Porotia le Lukiuse.

Porotia: Ke a go rapela, mosimane, tabogela ko lekgotleng. Se nkarabe, siana!O emetseng?

Lukiuse: Ke emetse go utlwa se o se nthomang ko lekgotleng.

Porotia: Eete o ka gaolela teng, wa ba wa boa, ke ise ke go bolelele se ke se go romang! Ao, maitlhomo, a ko o tsepame fa go nna, o tlhome namane e tona ya thaba fa gare ga loleme lwa me le sehuba. Ke na le mogopolo wa senna, le thata ya sesadi. Kana go thata jang mo mosading go boloka sephiri! A o sale fa?

Lukiuse: Mma, wa re ke ye go irang-he? Ke garagatshegele ko lekgotleng fela, ke be ke boele kwano go wena, ke sa ya go tsaya sepe?

Porotia: Ee, o tle go mpolelela gore, a mong wa'ago o itekanetse o tsamaile a bobola. O mpolelele gore Kesara o irang, morafe o batlang. Utlwa, mosimane! Modumo oo ke wang?

Lukiuse: Ga ke utlwe sepe.

Porotia: Reetsa sentle; ke utlwile mogwasa, o tla le phefo e e tswang ntlha ya ko mosate.

Lukiuse: Rure, Mma, ga ke utlwe sepe.

(*Go tsena Ngaka*)

Porotia: Tla kwano, motho k'wena. O no o ile kae?

Ngaka: Ko tlung ya me, Mohumagadi.

Porotia: Nako ke mang?

Ngaka: Ke ya bofera-mongwe, Mma.

Porotia: A Kesara o ile mosate?

Ngaka: Nnyaa, ke sa ntse ke ya gone, ke ya go tsaya maemo, gore ke mmone a fetela ko mosate.

Porotia: A ga o na tiro le Kesara?

Ngaka: Fa aka kgatlhega go ntheetsa, ke na nayo. Ke ya go mo rapela gore a ipabalele.

Porotia: A o itse bosula bongwe jo bo tla mo diragalelang?

Ngaka: Ga ke bo itse; se se teng, ke a belaela. Sala sentle. Mmila ono mosesane; morafe o o setseng Kesara morago mogolo morafe wa baatlhodi le baira melao, wa baseki le basekisisi. Motho yo o foko lang jaaka nna, ba ka mo pitlelela dikgopo. Ke tla senka gongwe **fa** tsela ekete e atlhame gone, ke buise Kesara yo mogolo a feta.

(*O a tswa*)

Porotia: Mma ke tsene, ke a fokola. A soo se se se nang gope, pelonyana ya mosadi! O, Borutuse, mago dimo a go thuse mo maikaelelong a gago a go mpieno! Mosimane o nkutlwile. Borutuse o na le topo e Kesara o ganang ka yone. Ke a idibala; siana, mosimane, o ye go ntoka ko go mong wa'ago, o mo ree o re, ke tlhapetswe; o bo o tie go mpolelela gore 6 rileng.

(*Ba a tswa*)

Tiragatso ya Boraro

Temana I

Ko Roma. Lekgotla le kokoanye. Lesomo la batho mo mebileng, ba ya ko mosate; ba na le Aretemi doruse le Ngaka. Phala di a lela. Go tsena Kesara, Borutuse, Kasiuse, Kaseka, Dekiuse, Meteluse, Kinna, Antoniuse, Tereboniuse, Lepiduse, Popiliuse, Pubiliuse le ba bangwe.

Kesara: O tsile, Mopitlo wa bosome le metso e mene.

Ngaka: O tsile, Morena, mme ga a ise a fete.

Aretemidoruse: Madume, Kesara! Bala fa.

Dekiuse: Tereboniuse a re, o bale kwalo lwa gagwe lwa ikokobetso.

Aretemidoruse: Kesara, bala lwa me pele. Lwa me ke topo e e amang Kesara gaufi; e bale ka bonako, Kesara yo mogolo.

Kesara: Se se re amang mmele se ka beelwa pelo.

Aretemidoruse: Se e diegele, e bale ka pela.

Kesara: Hee, a motho o o a tsenwa?

Kaseka: Hee, Morena, o ntse o tsholetsa ditopo mo mebi leng jaana-he, o retelelwa eng ke go ya kgotla?

(Kesara o tsena kgotla, ba bangwe ba mo setse morago)

Popiliuse: Gola-tlhe, tiro tsa gago tsa gompieno di ka tswelela.

Kasiuse: Tiro tsa eng, Popiliuse?

Popiliuse: Salang sentle.

(O atamela Kesara)

Borutuse: Popiliuse Lena a reng?

Kasiuse: A re, tiro tsa rona tsa kajeno di atlege. Kooteng ba re lemogile?

Borutuse: Bona jaaka a ya ko go Kesara. Mo dise.

Kasiuse: Kaseka, itlhaganele, ba tla re kgoreletsa. Re reng, Borutuse? Fa re lemogilwe, Kasiuse kgono Kesara, mongwe go bone boobabedi ga se motshedi, gonne ke tla ipolaya.

Borutuse: Kasiuse, tiisetsa; Popiliuse Lena ga a re hubolole. Bona jaaka a tshega fa Kesara a gana go fetoga.

Kasiuse: Tereboniuse o itse nako ya gagwe. Bona, Borutuse, jaaka a thibosa Marekuse Antoniuse.

(Antoniuse le Tereboniuse ha a tswa)

Dekiuse: Meteluse Kimmere o kae? Mmang a tsamae, a tloge, a nee Kesara topo ya gagwe.

Borutuse: Ba a mmuisa. Atamelang lo mo tlatse.

Kinna: Kaseka, ke wena o tshwanetseng go mo tlhaba pele.

Kesara: A re ipaakantse? Go tlhokafalang jaanong se Kesara le lekgotla ba tshwanetseng go se baakanya?

Meteluse: Mothati, mogodi yo mogolo, le natla sa makgona tsotlhe, Meteluse Kimmere o ikgobalatsa ka pelo e e inolofaditseng fa naong tsa gago.

(*O a khubama*)

Kesara: Ke a go itsa, Kimmere. Meikokobetso le meikgo balatso e ka tlhotlheletsa, ya gotetsa madi a batho ba ba itekanetseng gore melao ya makgotla ba e fetole melao ya senyana.O se itlhome, Kesara a na le madi a bolalogi. Ga a sokololwe mo tirong tsa mmaannete, e se sematla. Mafokonyana a a botshe le meitso-katsoko eete ya dintsanyana, ga e thuse sepe. Morwa-rrago o kobilwe ka katlholo tsa lek-gotla. Fa o ntse o inkinamela, o ba o rapela, o ba o ipidikanya ka ntata ya gagwe, ke a go raga, ke go thibosa mo tseleng fela jaaka ke raga ntsanyana ya madilo. Itse fa Kesara a se ka a fosa, a se ka a kgwedisiwa ke lefela le se na sebako.

Meteluse: Hee, a ga go lentswe lepe fa, le le tlotlegang go feta la me, la natefa mo tsebeng tsa ga Kesara yo mogolo, gore a lebalele morwa-rreyo o lelekilweng?

Borutuse: Ke go atla seatla, e seng ka pataiso, Kesara, ke kopa gore Pubiliuse Kimmere a latofololwe, a lebalelwe ka pela.

Kesara: Wa reng-he, Borutuse?

Kasiuse: Kgotso, Kesara, a e ne modiga. Kasiuse o wela fa naong tsa gago, a kopela Pubiliuse Kimmere maitshwarelo.

Kesara: Fake ne ke tshwana nao, nkoo ke go utlwa. Fake ne ke ira dilo ka mekopo, le nna mekopo e koo e ntsikinya. Ke tlhomame fela jaaka naledi ya kgoga masigo, e e lobone lo lo sa gakeng mo gare ga ditlhasetlhase tse dintsintsi tse di bonesang mago dimo. Loapi lo tsantsabeditswe ka losagaripa lwa dinaledi tsa magodimo tse di tukatukang ka matlha sedi a a se nang palo; nngwe le nngwe e a sedifatsa; mme mo gare ga tsone go na le more-mogolo yo o lobone lo apesitseng tse dingwe. Le rona batho mo lefatsheng, re ntse felajalo. Batho ke madi le nama, ha a ipoifa; motho o esi fela mo bontsintsing jo, yo o tshegeditseng maemo a gagwe, a sa tsikinywe ke sepe. Motho yo, ke nna. Ke lo supetsa le ka teleko ya ga Kimmere gore, ga ke ojwa-ojwe fela ke se lore. O lelekilwe, ke tla emela gore a lelekelwe rure.

Kinna: Ao, Kesara!

Kesara: Tloga! A o tla tsholetsa thaba ya Olimpuse?

Dekiuse: Kesara yo mogolo!

Kesara: A Borutuse ga a khubamele lefela?

Kaseka: Mabogo, mpuelelang!

(*Kaseka o tlhaba Kesara, le dirukutlhi tse dingwe feta jalo; lwa bofelo ke Marekuse Borutuse*)

Kesara: A le wena-he, Borutuse? Kesara mma a we!

(*O a swa*)

Kinna: Iketlo! Kgololego! Tlhoriso e sule! Tlogang fano, lo ye go e goeletsa mo mebileng!

Kasiuse: A ba bangwe ba palame difala, ba goe, ba re, "Iketlo, Ditshiamelo!"

Borutuse: Banna ba lekgotla, le morafe, se boifeng, se tsha beng. Emang fela, disuga tsa mafega di duetswe.

Kaseka: Palama sefala, Borutuse.

Dekiuse: Le wena, Kasiuse. Borutuse: Pubiliuse o kae?

Kinna: Ke yo; borukutlhi bo mo tlhakantse tlhogo.

Meteluse: Kitlanang, lo bone. Fifing go tshwaranwa ka diko bo.

Borutuse: So ntso re, re kgotlhagane. Pubiliuse, ga re na maikaelelo ape a a bosula kgatlhanong le wena. Ga re a ikaelela go irela Moroma ope bosula. Ba bolelele, Pubiliuse.

Kasiuse: O be o re tlogele, Pubiliuse; o tsofetse, e se re batho ba re kgogogela, ba go tlhokofatsa.

Borutuse: A go se nne ope o emelang tiro e, fa e se rona, ba diri ba yone.

(Go tlhaga Tereboniuse gape)

Kasiuse: Antoniuse o kae?

Tereboniuse: O tshabetse ko ga gagwe, a akabetse. Banna, basadi, le bana, ha rotola matlho, ha a lela, ha sia jaaka eete ke tsatsi la bofelo.

Borutuse: O! dika-o-kgatlhe! Ntla re koo re ne re go itse! Re a itse gore re tla swa. Se se teng fela, ga re itse motlha.

Kasiuse: Kaitse motho yo o kgaolelwang masome a mabedi a dinyaga, o fokolediwa masome a mabedi a nyaga tsa poifo-loso.

Borutuse: Fa go ntse jalo, mme loso ke letshego, re lemo faletse Kesara ka go mo okotsololela nako ya poifo-loso. Inamang, Maroma, inamang, re tlhape ka madi a ga Kesara. Re tlhapele ko dikgonong, re be re tshase le ditshaka tsa rona. Go tswa fano re ye ko mmarakeng, re fitlhe re kgatikanye ditshaka tsa rona, re di hubitse, re goe, re re, "Kagiso! Iketlo! Kgololego!"

Kasiuse: Inamang-he, lo tlhape. Kana tiragalo e ntlentle e ya rona e tla ipoa seboane, morago ga mewele wele e le kae, mo morafeng ofe o o iseng o tswalwe, le teme dife tse di iseng di itsiwe?

Dekiuse: A ke re bothologe?

Kasiuse: Ee, rotlhelele fela go se sale le fa e le ope. Borutuse o tla eta pele, rona re mmopele direthe, ka pelo tsa mmaannete tse di gaisang tse di kile tsa bonwa mo Roma.

(*Go tsena Motlhanka*)

Borutuse: Iketleng! Go tla mang ka fa? A tsala ya ga Anto niuse?

Motlhanka: Mong wa ke o rile, ke fitlhe ke khubame jaana, Borutuse; a re, e re ke italegile ke riana, ke re, "Borutuse ke morena, motlhalefi, mogale, motlo tlegi. Kesara e ne e le motlhati, kgosi e e pelo kgale e e tletseng lorato." Ke re, "Ke rata Borutuse, ke mo tlotlile." Ke re, "Ke ne ke tshaba Kesara, ke mo tlotlile, ke mo rata. Fa Borutuse a ka letla gore ke tlhage fa pele ga gagwe, ke bolelelwe jaaka Kesara a ne a tshwanetswe ke loso, Marekuse Antoniuse ga nke a rata moswi Kesara jaaka mo tshedi Borutuse; o tla latela ka boikanyo jwa mma annete ditiro le matshego a ga Borutuse yo o bonolo mo diphatseng tsotlhe tsa bosaitsiweng!" Ariana mong wake, Antoniuse.

Borutuse: Mong wa'ago ke Moroma yo o botlhale, yo o bogale, fela jaaka ke ntse ke mo akanya. Mo ree, o re, a kgatlhege go tla kwano, o tla tswa a itumetse a sa ngatswa ke sepe.

Motlhanka: Ke tla mmitsa ka pela.

(Antoniuse o a tlhaga)

Borutuse: Antoniuse ke yo, o etla. Re a go dumedisa, Mare kuse Antoniuse.

Antoniuse: Ao, mothati Kesara! A ke wena o namaletseng jalo? A dithubako tsa gago tsotlhe, dikgalalelo, diphenyo, le dikgano, di gonaganye, tsa ba tsa sala di le kananyana? Tsamaya sentle, motho wa batho! Ga ke itse, marena a me, gore maikaelelo a Iona ke eng. Ga ke itse gore lo ikaeletse go tholola madi a ga mang gape. Fa e ka ne e le a me, ga go nako epe e e ntebanyeng jaaka eno ya loso lwa ga Kesara. Ga ke itse dibetsa dipe tse di tshwanetseng go mpolaya jaaka tshaka tseo tsa Iona, tse di hu misitsweng ke madi a ga Kesara a a tlhophegileng mo lefatsheng ka boatlhamo jwa lone. Fa lo ikaeletse go ntlhaba, diragatsang takatso ya Iona e sa le gale, mabogo a Iona a sa ntse a kua mosi; a nkga madi a gagwe. Le fa nka ba ka tshela sekete sa dinyaga, ga nke ke ha ke bona nako epe e e le banyeng loso lwa me jaaka e; le fa e le kae, ga go lobaka lo lo ka nkgatlhang go gaisa fa ke ka bapela le Kesara yo lo mmolaileng, fa e se ke bolawa fano fa ke Iona diganka tse dikgolo tsa metJha eno.

Borutuse: Ao, Antoniuse, se re lope loso lwa gago, le fa e bile ekete re madi, re setlhogo. Mo losong lo lo kana kana lo o lo fitlhelang fano, o bona tiro ya madi yosi. Fa e le dipelo tsa rona, mo teng ga o di bone; tsone di tletse mautlwelelo-botlhoko, di utlwa lelwa ke tshiamololo e kgolo ya Roma. Mme fela jaaka molelo wa tladi o tingwa ka o mongwe, kutlo-botlhoko le yone e lelekwakakutlo-botlhoko; ke sone se o bonang re diretse Kesara jaana. Fa e le wena, Marekuse Antoniuse, mo go wena ntlha tsa tshaka tsa rona ke tsa tshipi e e metsi. Dibetsa tsa rona tse di gakaditsweng ke lehufa le pelo tsa rona tse di nolofaditsweng ke bokaulengwe, di go amo gela ka lorato lwa tsalano ka maitlhomo a molemo le tshisimogo.

Kasiuse: Mo kabong ya tlotlo tsa makgotla a masa, lentswe la gago le tla· reediwa fela jaaka la kgosi. Didi mala fela, re kokobetse morafe pele mo setshogong se se o tlhagetseng; ke gone re tla go nayang sebako se se tla supang gore re bolaetseng Kesara yo re mo ratang.

Antoniuse: Ga ke lo belaele. A mongwe le mongwe a nnee seatla, le fa se nkga madi. Marekuse Borutuse, nnaya seatla pele; sa me ke seo, Kaiuse Kasiuse; nnaya sa gago, Dekiuse Borutuse; le wena, Mete luse; ntshwara ka seatla, Kinna; le wena, mogale Kaseka; ke swetsa ka wena, Tereboniuse:ba re, moja-morago ke kgosi. Kana nka reng, marena? Leina la me le eme mo mareleding. Fa lo sa re, ke legatlapa, lo tla re, ke mopataisi.

E le rure, ke ne ke go rata, Kesara; mowa wa gago o ka se utlwe botlhoko go gaisa loso fa o ka okamela, wa mpona ke eme gone fa gare ga babolai ba gago, wa bona morategi wa gago Antoniuse a bapile le serepa sa gago, a ithuanya le manaba a gago, nala tsa one di ntse di fokeletse madi? Go na le gore ke tsalane le babitiedi ba gago, nkoo ke ne ke lebanywe ke ma tlho a mantsi jaaka dipadi tsa gago, a thololа dike ledi otlhe fela, jaaka padi tsa gago di elela madi! Intshwarele, Juliuse! O tlhabetswe fano, wa wela fano, kgamana e e tlhaga, le batsometsi ba gago e sa le ba, ba hubitse ka madi a tshika tsa gago. Lefatshe lotlhe e ne e le sekgwa sa tholo e, mme lefatshe k'wena, pelo ya gago ke e, e totobetse fa e. Ao, a bo o namaletse fela, jaaka seokomana se tlhabilwe ke marumo a magosana a le mantsi!

Kasiuse: Marekuse Antoniuse!

Antoniuse: Intshwarele pele, Kaiuse Kasiuse; le baba ba ga Kesara ba tla bua mafoko a ke a buang; mme nna, ka ke le tsala ya gagwe, ke a bua ka tekano.

Kasiuse: Ga ke go latofatse, ka o bua kaga Kesara go le gokalokalo, fela ke botsa gore, o no o batla go dira tumalano mmamang le rona? A o tla ikgatlhanya le rona, kampo re tla tswelela ko ntle ga gago?

Antoniuse: Kana lo bonye ke lo tshwara ka diatla, ka fitlha ka faposiwa fela ke go bona setopo. Ke tla tsalana le Iona; se se teng, lo tla tshwanela ke go nkanololela ka fa Kesara o na a boitshega ka teng.

Borutuse: Sebako sa rona se mo pepeneneng, se a bonala. Fa se ne se sa totobala, tiro e yotlhe e ka bo e le tlhapeo ya dipatana. Le fa e nee bile o le morwa-Kesara, o se tsala ya gagwe fela, o no o tla dumela gore, 6 na a tshwanetswe ke loso.

Antoniuse: Ke batla seo sosi; sa bobedi ke Iopa gore ke ise serepa sa gagwe ko mmarakeng; e re ka ke ne ke le tsala yaabo, ke fitlhe ke palame sefala, ke hue mafoko a phitlho ya gagwe.

Borutuse: O tla bua, Marekuse Antoniuse.

Kasiuse: Borutuse, a nke ke hue lentswe.

(*Ko thoko*)

Ga o itse dilo tse o di dirang, Borutuse; o koo o se ka wa re, Antoniuse a ye go bua ko phitlhong. A o itse koo mafoko a gagwe a tla sokelang batho teng?

Borutuse: Ke tla palama sefala pele, ke supe ka fa Kesara o suleng ka teng, ke be ke bolele fa Antoniuse a bua ka tetlelo ya rona, gore ba itse fa re eletsa gore Kesara a ka fitlhwa ka meletlo yotlhe e e lebanyeng maemo a gagwe. Tetlelo e e ntseng jalo e ka re direla molemo, Kasiuse, e seng bosula.

Kasiuse: Ga ke itse se se ka diragalang, fela nna ka re, ga ke rate.

Borutuse: Antoniuse, tsaya serepa sa ga Kesara; fela e se ka ya re o bua ko phitlhong, wa re latofatsa. Bolela maatlametlo otlhe a ga Kesara, ka fa o a itseng ka teng; ke tla fitlha, ke rera pele, o tie o ntshwaele.

Antoniuse: A go nne jalo.

Borutuse: Baakanya serepa-he, o re latele.

(Ba tswa botlhe, ko ntle ga Antoniuse)

Antoniuse: Ao, a ko o intshwarele, wena serepana sa mmu se se dutlang madi, fa ebile ke sa ntse ke bua le babolai ba gago ka bonolo. O letlotla la motho yo o gaisi-:tseng batshedi botlhe ka maatlametlo. Go latlhega atla se se tholotseng madi a gago a botlhokwa! Kajeno ke supelela fa pele ga dintho tsa gago di hubitse, di atlhame, di re, ke di rerele. Ditshika tsa bana ba batho di tla tlelwa ke thogo; monna o tla lwa le mogatse, bana ba mosadi le monna ha tsaa lane dibetsa; Italia o tla kgoberega gore bolalogi le bolalome di fetoge mejo ya batshedi; le basadi tota ba tla tshega, ba bona ditshea tsa bone di laditswe mo dimpung tsa tlhabano. Pelo-nomi e hupeditswe ke tlwaelo ya tiro tse di maswe, mowa wa ga Kesara o kala o batla ipusolosetso, o bapile le Ate, a tswa diheleng, o thibogela ntsa tsa tlhabano, o goa ka kodu ya segosi, o ntse ore, "Tshenyego!" Tiro e mpempe e e nkga mo setaataeng, e nkgela manong a a se nang diphuka, e itopela phitlho.

(*Go tlhaga Motlhanka*)

Ga ke re, o motlhanka wa ga Oketabiuse Kesara?

Motlhanka: Ke ene, Marekuse Antoniuse.

Antoniuse: Kesara o ne a mo kwaletse gore a tie Roma.

Motlhanka: Dikwalo tsa gagwe o di amogetse, e bile o etla.

O nthomile gore ke tie go re ...

(*O a gadima, mat/ho a gagwe a bona serepa*)

Ijoo! Kesara!

Antoniuse: Ao, pelo-tona! Emela ko thoko, o lele o tlhapoge mafega; gonne matlho a me a gelela dikeledi, a bona mahutsana a ikhunne mo sefatlhogong sa gago. A wa re, mong wa'ago o etla?

Motlhanka: Mo bosigong jo, o tla lala dimaele di supa gaufi le Roma.

Antoniuse: Itlhaganele, o mo kgatlhantse, o mmolelele se se iragetseng. Mo, go Roma yo o lelang, Roma yo o diphatsa, Roma yo o sa siamelang Oketabiuse. Tsamaya, o mmolelele. Baa pelo, ke ise setoto se ko mmarakeng; ke gone koo ke tla rerang, ke ba ke bona gore batho ba tsaya jang ditiro tse tsa bo Ramadi; e tie e re o kopana le mong wa'ago, o bolelele Oketabiuse se o se bonyeng ka matlho. Ntshwarisa ka fa.

(*Ba tswa ka serepa*)

Temana II

Ko Kgotla. Go tlhaga Borutuse, Kasiuse, le lekoko la batho.

Batho: A re kgolweng jaanong, a re kgolweng!

Borutuse: Ntatelang, ditsala, lo ntheetse. Kasiuse, tswela ko mekgwatheng, o aroganye batho; ba ba ratang go ntheetsa, ba sale fano; ba ba ratang go utlwa Kasiuse, ba ye le ene, gore go utlwadiwe sebako sa pontsha sa loso lwa ga Kesara.

Wa ntlha:Nna ke sala fano, ke utlwa Borutuse.

Wa bobedi: Nna ke ya go utlwa Kasiuse, gore e tie e re morago re bapise mafoko a bone.

(Kasiuse o tswa le ba bangwe. Borutuse o palama sefala)

Wa boraro:Borutuse yo o maatlametlo ke yo, o palama sefala. Didimalang!

Borutuse: Maroma a gaetsho, barategi! Ntheetsang, lo utlwe maitato a kgetse ya me; mme lo didimale gore lo reetse; ntumelang ka ntata ya tlotlo ya me, lo nne le maitiso ka ntata ya tlotlo ya me, gore lo tlo lo ntumele. Akanyang sentle, lo tlo lo nkatlhole ka botlhale. Fa go na le tsala ya sehuba ya ga Kesara mo kokoanong e, ke e solofetsa gore, rato lwa yone mo go Kesara ga lo fete lwa ga Borutuse. Fa tsala ya go nna jalo e rata go itse gore, ke eng ke tsogetse Kesara, karabo ya me ke e:Tota ke ne ke rata Kesara, mme bogolo ke ne ke rata Roma. A lo no lo ka eletsa gore Kesara a tshele, Iona lo swe, lo le ditshwarwa? A ga go botoka fa a sule, Iona lo gololegile? Jaaka Kesara a ne a nthata, ke a mo lelela. Ke itunielela matshego a gagwe, ke tlotla bonatla jwa gagwe; se se teng, e re ka a ne a ikgogo mositse, ke mmolaile. Go dikeledi ka rato lwa gagwe, boitumelo ka letshego la gagwe, tlotlo ka bonatla jwa gagwe, le loso ka maikgogomoso a gagwe. Ke mang fa o nyatsegileng go le kalokalo gore a itumelele bokgoba? Fa a le teng, a a bue; ke mhoseditse. Ke mang fa o bogwatata go le kalokalo gore a gane go tswa Moroma? Fa a le teng, a a arabe; ke ene ke mo kgopisitseng. Ke mang fa o bosula go le kalokalo gore a se ka a rata fatshe la ga gabo? Fa a le teng, a a arabe; gonne ke ene ke mo kgopisitseng. Ke tla kgaotsa, ke emela karabo.

Batho: Ga go ope, Borutuse, ga go ope.

Borutuse: Fa go ntse jalo, mme ga ke a kgopisa ope. Ga ke a direla Kesara go gaisa ka fa lo no lo ka direla Boru tuse ka teng. Loso lwa gagwe lo kwadilwe ko mosate; kgalalelo ya gagwe ga e a fokodiwa, le melato e o e swetseng ga e a babadiwa.

(*Go tlhaga Antoniuse le ba bangwe, ba sikere serepa sa ga Kesara*)

Setoto sa gagwe ke seo, se etla, se lelelwa ke Mare kuse Antoniuse. E re ntswa a sa tsenya dinala mo polaong ya ga Kesara, o tla amogela tlotlo yotlhe e e tla ajwang ke mmuso o mosa, jaaka nka re, ke ofe wa Iona yo o sa tlo thusegang? Jaanong ke a tsamaya. E re ka ke bolaile moratiwa wa me go lemofalela Roma, tshaka e e mmolaileng e sa le fano, e letile nna go tla tlhaba nna, motlhang go lefatshe la gaetsho le bitsang loso lwa me.

Batho: Tshela, Borutuse, tshela, tshela!

Wa ntlha: Mo goroseng ka phenyo!

Wa bobedi: Mo tlhomeleng sefikantswe le bo-rraagwe-mogo lwane!

Wa boraro: A a tlhongwe bokesara, a buse!

Wa bone: Mogaisi wa ga Kesara o tla rwesiwa serwalo.

Wa ntlha: Re tla mo gorosa ka meepelwane.

Borutuse: Bagaetsho ...

Wa bobedi: Reetsang, didimalang! Borutuse ke yo, o a bua.

Borutuse: Bagaetsho, mmang ke tsamae ke le nosi. Fa go ya kaga me, nka re, salang fano le Antoniuse. Tlotlang bibi sa ga Kesara, lo mamele Antoniuse, a babatsa kgalalelo tsa botshelo jwa ga Kesara; puo ya ga Marekuse Antoniuse e irwa ka tetlelo ya rona. A go se tsamae ope fa e se nna fela, ke a lo rapela, go tsamaya Antoniuse a swetsa go bua.

(*O a tsamaya*) *Wa ntlha*:

Emang, re utlwe Marekuse Antoniuse!

Wa boraro: A a palame sefala, re tle re mo utlwe sentle. Tlha tloga, motlotlegi Antoniuse!

Antoniuse: Ke a lo leboga ka ntata ya ga Borutuse.

(*O palama sefala*) *Wa bone*:

A reng kaga Borutuse? Lo mo ree, a se ka a ba a tlhapelwa, a buela Borutuse bosula.

Wa ntlha: Kesara yo e ne e le selalome yo.

Wa boraro: O a bolela; re tshegofetse mo Roma rure fa a re tlogile godimo.

Wa bobedi: Didimalang, re utlwe gore Antoniuse a reng.

Antoniuse: Ditsala, Maroma a gaetsho, nkadimang ditsebe. Ke tsile go fitlha Kesara, ga ke a tla go mmaka. Bosula jo bo irwang ke batho, bo sala bo tumile mo motlhaleng wa bone, ba seyo; fa e le molemo, one o fitlhwa le marapo a modiri wa one. A go nne jalo le Kesara. Motlotlegi Borutuse o lo boleletse fa Kesara e ne e le moikgogomosi. Fa ka nnete go ntse jalo, e ne e le molato o o tlhomolang pelo, mme Kesara o arabile ka bopelo-tlhomogi.Jaanong ke bua fano mo phitlhong ya gagwe ka tetlelo ya bo-Borutuse; gonne bo-Borutuse ke batlotlegi. Mo botshelong jwa gagwe e ne e le tsala ya me ya boikanyo; mme Borutuse a re, O na a ikgogomosa; se se teng, Borutuse ke motho yo o tlotlegang. Kesara o lerile ditshwarwa di le dintsi mo

Roma, tse maduo a tsone a tladitseng sekgwama sa mora fe. A eo ke tiro ya moikgogomosi? E ne ya re bahumanegi ba lela, Kesara a lela kana tswalo lwa maikgogomoso lo kwatlile; mme Borutuse a re, 6 na a ikgogomositse; ntswa Borutuse ene e le motlotlegi. Lo bonye lotlhe ko Luperekale, gararo ke re, ke mo naya serwalo sa bogosi, gararo Kesara a ntse a se gana. A ke yone ikgogomoso eo? Mme Borutuse a re, 6 na a ikgogomosa; . ntswa Borutuse ke motlotlegi. Ga ke ganetse mafoko a ga Borutuse; ke bua fela se ke se itseng. Lotlhe lo no lo rata Kesara, mme lo na le sebako sa go mo rata; ke sefe se gompieno se lo itsang go mo lelela? Ao, e le rure katlholo e tshabetse ko dipholofolong, le batho ba neile ntsa tlhong! Pelo ya me e sa tsenye le Kesara mo tloding lele, ke tla didimala, ke leta e boela kwano go nna.

Wa ntlha: Nna ka re, mafoko a gagwe a a utlwala.

Wa bobedi: Fa o akantse sentle, mme rure Kesara o siamolo letswe.

Wa boraro: A go ntse jalo? Yo o tla tsayang tulo ya gagwe o tla sulafala go mo gaisa.

Wa bone: Hee, a lo mo utlwile? A re, O ganne serwalo. Ke gore, o na a sa ikgogomosa.

Wa boraro: Ga go motho mo Roma yo o tlotlegang go feta Marekuse Antoniuse.

Wa bone: Mmone, ke yoo, o bua gape.

Antoniuse: Maabane ano, lentswe la ga Kesara le ne le ka emelana le lefatshe. Ke yo, o namaletse fano; ga go ope o mo ngokang. Ao, beng ba me, fa ke ne ke na le takatso ya go rukutlha, ke galefisa kgopolo tsa Iona, nkabo ke siamololela Borutuse, ke tsuo lolela Kasiuse, ba lo itseng fa e le batlotlegi. Ga nke ke ba siamololela; ke tla mpa ke siamololela moswi, ke itshiamololela, ke siamololela Iona, go na le go siamololela batlotlegi ba ba ntseng jalo. Khane ke e, e na le sekano sa ga Kesara; ke e fitlhetse mo ngwakong ya gagwe, ke kwalo lwa gagwe lo o abang ka lone boswa jwa gagwe lo intshwarele, bakaulengwe, ga ke a ikaelela go lo bala. Fa Iona lekgotla lo ka utlwa mafoko a tese tamente ya gagwe, lo ka nanoga, lwa ya go atla dipadi tsa gagwe, lwa ina masela mo mading a gagwe a a kgethegileng, lwa ba lwa kopa kalapa ya moriri wa gagwe, go ira segopotso, gore e re motlha lo swang lo e tlogelele bana beno boswa.

Wa bone: Bala tesetamente, re e utlwe, Marekuse Antoniuse!

Batho: Tesetamente! Tesetamente! Re batla go utlwa tesetamente ya ga Kesara!

Antoniuse: Iketleng, bakaulengwe, ga nke ke e bala; ga lo a tshwanela go itse jaaka Kesara a ne a lo rata. Ga lo dikgong, ga lo maje, lo batho; mme ka lo le batho, e tla re lo utlwa mafoko a tesetamente ya gagwe, lo gakatsege. Go molemo bogolo gore lo se itse fa lo le baja-boswa ba ga Kesara. Kana fa lo ka itse, go ka diragalang?

Wa bone: Bala tesetamente; re batla go utlwa tesetamente ya ga Kesara! E bale, Antoniuse!

Antoniuse: Iketleng. Le fa go ntse jalo, ke fologilwe keloleme. Nkoo ke se ka ka lo bolelela ka tesetamente e. Ke tshaba gore ke siamololetse batlotlegi ba tshaka tsa bone di tlhabileng Kesara.

Wa bone: Batlotlegi ba eng? O raya batsietsi, babitiedi, dinokwane tsa dilalogi!

Batho: Bala tesetamente! Tesetamente! Tesetamente! E bale!

Antoniuse: Fa lo nkgorobelela gore ke bale tesetamente, irang modiko fa topong sa ga Kesara, ke lo supetse mokwadi wa yone, ke be ke fologe fa lo ntetlela.

Batho: A a pagologe! Modiko! Katogang setoto!

(*O afologa*)

Antoniuse: Nkatogang pele, lo nkhupetsa mowa.

Batho: Boang! Mo suteleng! Katang ka morago!

Antoniuse: Fa lo na le dikeledi, digang matlho, gonne a tla dutla merwalela. Bonang fa. Lotlhe lo itse kobo e; ke sa ntse ke gakologelwa motlhang go Kesara o na a simolola go e apara. E ne e le mo tenteng ya gagwe motlhang mephato ya gagwe e ne e fenya Manerebi. Bonang jaaka tshaka ya ga Kasiuse e mo phuntse; bonang fa o radilweng teng ke Kaseka ka mabifi, le jaaka morategi wa gagwe Borutuse a mo tlhabile; madi a ba a belebetsega, a ya go tlhola gore, a rurerure Borutuse kc ene o ka mo tlhabang. Lotlhe lo a itse fa Borutuse e ne e le moengele wa ga Kesara. Atlholang-he, medimo, ka fa Kesara o na a mo rata ka teng! Setlhogo se se gaisang bolalome jotlhe, bofiri jo bo bogale go gaisa ntlha ya tshaka ya bakenogi, jwa mhenya. Ke fa pelo e tona ya ga Kesara e tla phatloga, a ikatela tlhogo ka kobo, a ba a wa fa thitong ya fikantswe sa ga Pompeiuse, se ntse se elela madi. A namane e tona ya seruthu, bagaetsho! Mme nna le wena le rona rotlhe ra idibala fa tlase ga borukutlhi jo bo madimadi jo! Ee, lo a lela jaanong, e bile lo utlwalelwa ke pelo tlhomogi; a ke marothodi a a rapeletsweng a mahibitswana a. Lo gelola meokgo fa lo bona seaparo sa ga Kesara jaaka se tsatsankilwe? Jaa nong fetisang matlho, lo bone mong wa dipadi jaaka a garaswantswe ke dibatana, dilalogi!

Batho: Ao, motlotlegi wa rona! A tsatsi la mahutsana! Dilalogi, dinokwane, dijakare! A madimadi! Re tla itshwarela babitiedi ba gagwe ka mabogo! Emang, re ba tlhasele, re ipusolosetse, re ba batle, re tshu bele, re fise, re betse, re bolae! Go se ka ga ba ga falola selalogi sepe!

Antoniuse: Iketleng, bagaetsho.

Batho: Didimalang, reetsang motlotlegi Antoniuse! Re tla mo latela, re ba re ya go swa nae.

Antoniuse: Ditsala tsa me, mmang ke se lo feretlhe. Lo se ka lwa potlaka, lwa tsuololela loago. Baira-tiro e, ke batlotlegi. Komang tsa malwapa tse ba ne ba na natso, tse di ba tlhotlheleditseng go ira maragaraga a, di itsiwe ke bone. Ke batlhalefi le batlotlegi; ga ke belaele gore ba tla ikarabela **fa** pele ga Iona. Ga ke a tla go lo utswa dipelo. Ga ke segetla jaaka Borutuse; lo itse fa ke le motho fela yo mosotsa yo o ratang tsala ya gagwe; le bone ba ba ntetlileng go tla go bua fano, ba a itse. Ga ke na botswerere hope jwa tlhaloganyo, jwa molemo, le **fa** e le jwa ditiro, kgotsa jwa puo, jo bo ka getlhang go tshwa kgola madi a batho. Ke bolela fela ke lo bolelela dilo tse lo di itseng; ke lo supetsa dipadi tsa ga Kesaramelomo e e dimumu! ka re, di mpue lele. Fa ke ne ke le Borutuse, Borutuse e le Antoni use, nkoo ke feretlha mewa ya Iona, ke tsenya diteme ka lobadi le lobadi lwa ga Kesara, gore le maje tota mo Roma a tsoge, a rukutlhe!

Batho: Re tla rukutlha! A re yeng go tshubela ntlo ya ga Borutuse! Ntlong, ntlong, re ye go batla dilalogi tseo!

Antoniuse: Iketleng pele, bagaetsho, ntheetsang.

Batho: Didimalang kong, reetsang motlotlegi Antoniuse!

Antoniuse: Hee, ditsala, ga lo itse dilo tse lo reng lo ya go di ira. Ke eng se se irileng gore lo rate Kesara go le kanakana? Ga lo itse; mmang ke lo bolelele. Lo lebetse tesetamente e lo no lo re, ke e bale.

Batho: O bolelela rure; mma pele re utlwe tesetamente!

Antoniuse: Tesetamente ke yone e; le sekano sa ina la ga Kesara ke se. Mongwe le mongwe yo e Ieng Moroma, Kesara o mo tlogeletse tera-kema di le masome a supa le metso e metlhano.

Batho: A motlotlegi, Kesara! Re tla tsuololela babolai ba gagwe! Kesara, Kgosi!

Antoniuse: Reetsang pele. Diferwana tsotlhe tsa masimo a gagwe a meru, le ditlhare tse di jewang, tse di sa tswang go tlhongwa moseja ono wa noka, o di tlogeletse setshaba, go nna boswa jwa Iona le jwa ditlogolwana tsa Iona ka bosena-bokhutlo; ke moo lo tla kwayang, lo itikolosa, lo itapolosa gone. Ke yoo-he, Kesara; mpolelelang gore lo tla tlhola lo bona kae morena yo o tshwanang nae?

Batho: Gope, legoka, le bogologolo tala! A re yeng go tshubela mmele wa gagwe ko tempe-leng; e re ka ditlhase re ye go tshubela matlo a dilalogi. Tsho Ietsang serepa! Eyang go tsaya molelo! Rutla ditulo le difensetere!

(*Ba tswa ka serepa*)

Antoniuse: A di thulane! Masenya di agela, ke dibonwa-ke wena jaanong! Ke eng jaanong, mosimane?

(*Go t/haga Motlhanka*)

Motlhanka: Oketabiuse o setse a gorogile mo Roma.

Antoniuse: O kae?

Motlhanka: O kwa goo-raKesara, o na le Lepiduse ko tlung ya ga Kesara.

Antoniuse: Ke tla itlhaganela, ke ya go mo kgatlhantsha; o tla kwano ka topo, takatso. Hee, mme ntla badimo ha utlwana le rona ka nako eno, ekete ba ipaakanyeditse go re thelesetsa.

Motlhanka: Ke utlwile a nthaya, a re, Borutuse le Kasiuse ba fetile ha palame jaaka ditseno ka dikgoro tsaRoma.

Antoniuse: Motlha-mongwe ba ba boleletse jaaka ke tsikintse morafe ka puo ya me. Nkisa ko go Oketabiuse.

(*Ba a tswa*)

Temana III

Mo mmileng. Go tlhaga Kinna wa moreti.

Kinna: Ke letse ke lora ke le mo motlabegong le Kesara, go irala matlhotlha-pelo, ka ba ka boifa go tsw la ka fa ntle. Le fa go ntse jalo, sengwe sa nkgweetsa gore ke be ke tswe.

(*Go tlhaga banna ha motse*)

Wa ntlha: Ina la gago e mang?

Wa bobedi: O ya kae?

Wa boraro: O agile kae?

Wa bone: A o nyetse, kampo o kgope?

Wa bobedi: Araba mongwe le mongwe ka tolamo.

Wa ntlha: Le ka bokhutshwane.

Wa bone: Le ka manontlhotlho.

Wa boraro: Le ka boammaarure; o a utlwa?

Kinna: Lwa re, ke mang, ke ya kae, ke nna kae; lwa re, a ke nyetse kgono ke kgope? Ke be ke arabe ka tolamo, le bokhutshwane, le nnete, le botlhale? Ka botlhale ka re, ke kgope.

Wa bobedi: A o raya gore ba ba nyetseng ke dieleele? Nka go tlhanya fa o rialo! Jaanong-he, araba ka tolamo.

Kinna: Ka tolamo, ke ya phitlhong ya ga Kesara.

Wa ntlha: Ao ya o le tsala kampo sera?

Kinna: Tsala.

Wa bobedi: O arabile ka tolamo.

Wa bone: Jaanong ka bokhutshwane:o agile kae?

Kinna: Ka bokhutshwane, ke nna ko mosate.

Wa boraro: Ka nnete, ina la gago?

Kinna: Nnete, ke Kinna.

Wa ntlha: Mo garaswanyeng, ke selalogi!

Kinna: Ke Kinna wa moreti, ke Kinna wa moreti!

Wa bone: Mo garaswanyetse mereto ya gagwe e e makgapha!

Kinna: Ga ke Kinna wa selalogi.

Wa bone: Ga se sepe, ina la gagwe ke Kinna. Mo gonye leina, lo mo Iese, a tsamae.

Wa boraro: A tsamae? Mo gagolake, mo garaswanye! Lereng ditlhase! Lo tlhosetse molelo! Eyang goo-ra Borutuse le Kasiuse, ba tshubeleng botlhe! Pha tlalalarig, bangwe k, 9 ga Dekiuse, ba bangwe ko ga Kaseka, le ko ga Ligariuse! Eyang!

(Mekgosi, medumo, tlhatlhaduane)

Tiragatso ya Bone

Temana I

Mo tlung ya ga Antoniuse, ko Roma. Antoniuse, Oketabiuse, le Lepiduse ba ntse fa tafoleng.

Antoniuse: Bontsi jo ke jo bo tla swang. Maina a bone a tshwailwe.

Oketabiuse: Monnao, le ene o tla swa. A o a dumela, Lepiduse?

Lepiduse: Ee.

Oketabiuse: Mo tshwae, Antoniuse.

Lepiduse: Tumalano e le gore Pubiliuse le ene a se ka a ba a tshela; ke tlogolo seno, Marekuse Antoniuse.

Antoniuse: Ga nke a tshela. Bona, ke baya lotshwao lwa phutso mo ineng la gagwe. Wena Lepiduse, eya ko goo-raKesara, o lere tesetamente, re bone ka fa re ka fetolang boswa ka gone.

Lepiduse: Ake tla lo fitlhela fa?

Oketabiuse: Fano, kgotsa ko mosate.

(*Lepiduse o a tswa*)

Antoniuse: Monna yo o kobo-dikhutshwane yo, o na a leka nywe ke go rongwa fela. A ke tshwanelo gore, e re fa lefatshe le arogantswe gararo, a amogele karolo ya boraro?

Oketabiuse: Ke molato wa gago, Antoniuse. O senkile motho nyana a lebanywe ke loso, wa mo tsenya mo maku nutung a rona.

Antoniuse: Oketabiuse, ke go bonetse letsatsi pele. Kaitse fa re rwesa motho yo ka ditlotlo, ke go kuba ntlha tsa diteme tsa basebi. Ditlotlo o di rwala fela jaaka tonki e huhudisiwa ke kokoma la gauta le bokete jwa morwalo. Re mo akgaakgela ko re lakatsang, e re a sena go fitlhisa lekokoma, re mmelegolole, re mo thibele ko ntle, a tswe a iphophothaka ditsebe, a ya go hula ko botaleng jaaka diesele tsotlhe.

Oketabiuse: O ka ira keletso ya gago; se se teng, ke motlhabani wa boikanyo.

Antoniuse: Le pitse ya me, Oketabiuse; ke ka ntlha eo ke e fepang. Ke e rutile go lwa, go tila, go ema, le go tlharoela ko pele. Mosepele wa maoto a yone o laolwa "ke keletso ya me. Mo gongwe, Lepiduse o ntse felajalo. Ke yo o rutwang, a katisiwe, a kgwee diwe; motho yo o pelo e borethethe, yo o nontshi wang ke ditsotswana, dikitso le dinketso jaaka diaparo tse ea reng di sena go onadiwa ke ba ba ngwe, a di apolelwe, di mo tshwanele. Ga se motho ene, ke phatlho. Jaanong, Oketabiuse, reetsa mafoko a magolo ke a:Borutuse le Kasiuse ba a kaosa; re tshwanetse go ba bololela. A kopano ya rona e kitlane, ditsala tsa rona di tlholwe, maano a rona a name. A re ye go nna lekunutu, re akanye ka fa khupa-marama tsa rona di ka hu parololwang ka gone, le ka fa diphatsa tsa pontsha di ka kgatlhantshiwang ka teng.

Oketabiuse: A re ire jalo. Re bapotswe mo mopakong, e bile re bogolwa ke ntsa di le dintsi. Ke boifa gore bontsi jo bo re tshegisang ka meno a masweu, pelo tsa jone di sisitse bobaba bo se kana ka sepe.

(*Ba a tswa*)

Temana II

Fa pele ga tente ya ga Borutuse ko dintlheng tsa Saredise. Go tsena Borutuse, Lukiliuse, Lukiuse, le batlhabani, ba kgatlhantshiwa ke Titiniuse le Pinedaruse.

Borutuse: Emang fa. Go ntse jang, Lukiliuse? A Kasiuse o teng?

Lukiliuse: Ke yo; le Pinedaruse ke yo, o go lereditse tumediso tsa mong wa'agwe.

Borutuse: Mong wa'ago, Pinedaruse, ka bogagagwe kgono ka bagakolodi bangwe ba bosula, o nnaya sebako sa go dirolola dilo dingwe tse di dirilweng; nka itumela fa a le fa.

Pinedaruse: Go se na pelaelo, mong wa ke yo o maatlametlo o tlhaga a tletse ditlhompho le ditlotlo.

Borutuse: Ga re mmelaele. A ko o mpolelele, Lukiliuse, gore o go amogetse jang?

Lukiliuse: Ka bonolo, le ka tlotlo, mme e seng ka tlwaelano e e feteletseng; le gone e seng ka tsalano e ke e tlwaetseng mo go ene.

Borutuse: O re bolelela tsala e e botsala bo tsidifalang. O tlhokomele, Lukiliuse; fa lorato lo simolola go lwala, lo onala, lo itotobatsa ka modiro wa kgape letso. Boikanyo jo bo phepha, jo bo borethethe, ga bo na dibelebejane. Banna ba ba dikgapha ba tshwana le pitse tse di lobelo mong a le fa; o ka fitlhela ba iperepetsha, ba go bona matlho, ba go solofetsa ka bonatla. E re fa ba tshwanetse go itshokela moetlo, fa seporo se ba tlhaba manga mu, aba a rotha madi, o tshoge ba ota ditlhogo, ba tlholwa ke mokgweleo, ba ngosela jaaka kga rebe e le matlho mantsi. A mephato ya gagwe e etla?

Lukiliuse: Ba rile ba tla lala mo Saredise gompieno. Bontsi jwa bone bogolo jwa dipitse bo tsile le Kasiuse.

(*Mosito wa batho*)

Borutuse: Bonang, ke yo, o tsile. lneneketseng, lo mo kga tlhantshe.

(*Go tlhaga Kasiuse le masole a gagwe*)

Borutuse: Emang fong! lpoleleng!

Masole: Emang! Emang! Emang!

Kasiuse: Mokaulengwe yo o maatlametlo, o ntshiamolo letse.

Borutuse: Hee medimo, nkatlholang-tlheng! Le dira tsa ine tota ke sa itse go di siamolo-lela, a nka siamolo lela mokaulengwe?

Kasiuse: Sekompa sa mmele wa gago le fa se itekanetse jaana, se bipile dibe. E tla re o di dira ...

Borutuse: Kasiuse, diga makgwafo. Buela tlase. Fa o na le dingongorego, a re se omane mo matlhong a batlhabani ba rona, ba se ka ba lemoga sepe fela fa e se lorato fa gare ga rona. A ko o mme ba sutele fale, re tsene mo tenteng ya me; ke tla go reetsa, Kasiuse.

Kasiuse: Pinedaruse, a ko o ree balaodi, ba sutele ka mephato.

Borutuse: Le wena, Lukiliuse, go se ka ga ata-mela ope fa tenteng ya me, fa re sa ntse re le ko thoko. Lukiuse le Titiniuse ba dise kgoro.

(*Ba a tswa*)

Temana III

Mo tenteng ya ga Borutuse. Go tsena Borutuse le Kasiuse.

Kasiuse: Se ke reng o ntshiamololetse ka sone ke se:o atlhotse Lukiuse Pella ka go amogela dikatso tsa diphephetse mo go Basaredise;

dikwalo tsa me di ne di mo rapelela mo go wena, wa se ka wa ba wa di tlhokomela.

Borutuse: Ke wena o itshiamololetseng ka go kwala ka kgetse eo.

Kasiuse: Mo nakong e e ntseng jaaka e, ga go a lebana go dumadumela ditshito.

Borutuse: Mma ke go bolelele-he, Kasiuse, gofi la gago le a baba. O baba legofi, o ntse o aba makgotla, o a rekisetsa batho ba ba sa tshwanelang, ba go naya madi.

Kasiuse: Ware ke baba legofi?O itumele ka go bua, wena Borutuse; fa go no go bua yo mongwe, o na a se nka a ba a tlhola a bua gape.

Borutuse: Boatla jo bo bidiwa fela ka tlotlo ya leina la gago, Kasiuse; ke sone se le petso e ikgogonang.

Kasiuse: Ware petso?

Borutuse: Gakologelwa Kgwedi-Mopitlo. A Juliuse yo mo golo ga a a dutla madi ka ntata ya tshiamo? Ke sefe senokwane se se mo tlhabileng mmele fa e se ka tshiamo? A mongwe wa rona yo o tlhabileng mogolo yo o kalokalo, ke ene o ka ba a tloga a itshilafatsa dinala ka go rekisa makgotla mo bala leng mabebe a a huparelwang ka seatla? Nka itala go tswa ntsa, ka bogola ngwedi, e seng gore ke nne Moroma yo o ntseng jalo.

Kasiuse: Borutuse, se mpogole, o tloga o nkgopisa. O sale o tla go nkganela fa, jaanong o itebetse. Kaitse ke tlhabanye dintwa pele ga gago, e bile ke itse go ikalela go go gaisa.

Borutuse: O maaka, Kasiuse.

Kasiuse: Ga ke maaka.

Borutuse: Ka re, o a aka.

Kasiuse: Se tlhole o ntlhotlheletsa; nka tloga ka itebala. Rekegela botshelo jwa gago, o se ka wa nthumola.

Borutuse: Tloga fa, seo k'wena!

Kasiuse: A go ka nna jalo?

Borutuse: Ntheetsa-tlhe, ke go bolelele. A o ithaya o re, ke sutele bosilo jwa gago? A wa re, ke tshosiwe ke medilolo ya setseno?

Kasiuse: Mogala-mmakapaa! A ke tla itshokela dikgobo tse di kanakana?

Borutuse: Tse di kalokalo, le tse di fetang tseo! O tlhorege, o bo o phatloge pelo ke maikgogomoso. Tswaa o ye go supetsa balala ba gago mabifi a gago, a ba roromise. Ke thinye? Ke go tlhokomele? Ke ikobele tswalo lwa gago fa o jewa ke moetlo? Ke ikana ke re, o tla metsa botete jwa lobete lwa gago, le fa bo ka ba jwa go phanya mpa. Go tloga fano, ke wena modingwana wa metlae ya me; o tla ntshegisa le fa e bile mabifi a go galaka.

Kasiuse: A dilo di ntse jalo?

Borutuse: Wa re o motlhabani yo o nkgaisang? A go nne jalo-he; rurefatsa meipako ya gago. Nna ya re ke tla itumela ke be ke utlwela motlhabani yo o maatlametlo.

Kasiuse: O a ntshiamololela, Borutuse, o ntshiamololela tota. Ke se nke ke re, ke go gaisa ka tlhabano; ke rile, ke tlhabanye pele ga gago.

Borutuse: Le fa o rialo, ga ke kgathale.

Kasiuse: Fa Kesara a ne a tshedile, o na a sa ka ke a baa ntsikinya jalo.

Borutuse: Le wena o no o sa ka ke wa mo leka go le kalo kalo.

Kasiuse: Wa re, ka mo leka jalo?

Borutuse: O no o sa ka ke.

Kasiuse: O se ka wa nthaela jalo, ka tloga ka ira dilo tse ke tla tsogang ke di ikwatlhaela.

Borutuse: O setse o irile dilo tse o tla di ikwatlhaelang. Megomelo ya gago ga e ntshose ka sepe. Nna ke ikapesitse ka kobo ya tlotlo. Meipoko e ya gago e mpheta fela jaaka phefo e ke sa e ngokeng. Ke ne ke go laeditse kaga ditshelete dingwe tse o nkgane tseng ka tsone gonne nna ga ke itse go bapala ka boatla! Ke ikana legodimo gore nka itala go rekisa pelo ya me, ka ira tshelete ka tshika tsa madi, e seng ke tamusa ditshelete mo mabogong a balala ka tsela tse di kgopo. Ke laeditse gore, o tie le madi, re duele masole, wa gana. A ke tiro e e tshwanelang Kasiuse eo? Fa Marekuse Borutuse a ka tswa sengoma jalo gore a kopelele tsala yaabo direko ka bolotsana, badimo ba romele dikgadima, di tie go mo thubaka ka tladi!

Kasiuse: Ga ke a go itsa madi.

Borutuse: O a nkiditse.

Kasiuse: Legoka; se se teng, karabo ya me e lerilwe ke seapu. Kana, Borutuse, o mphantse pelo; tshukudu e kgonwa ke go itshokela ditlhaelo tsa kala ya yone, Borutuse ene o oketsa tsa me.

Borutuse: Ke di oketsa fela fa o simolola go mphatlha ka tsone.

Kasiuse: Ga o nthate, Borutuse.

Borutuse: Ga ke rate dipha tsa gago.

Kasiuse: Itlho la tsala ga le kgone go bona dilabe tse di ntseng jalo.

Borutuse: Tsa mopataisi ga di bonale, le fa e bile di le kana ka thaba ya Olimpuse.

Kasiuse: Ntlo, Antoniuse! Le mmotlana Oketabiuse, tlaa! lpusolosetseng lo le losi mo go Kasiuse, gonne Kasiuse o tennwe ke lefatshe. 6 tlhoilwe ke mora tegi, o lepisiwa ke morwa-rraagwe, o kganelwa jaaka setshwarwa; o bonwa melato, e kwalwe mo bukeng, e balwe-balwe, e tshegediwe ka tlhogo, ke nne ke phailwa ka yone. Ao, ekete nka lela mowa ka matlho! Tshaka ya me ke e, sehuba ke se; mo teng go na le pelo e e tlhokwang fela jaaka gauta ya metlobo ya ga Polutuse. Fa o le Moroma, tlaa o e tlhabe. Fa ke go ganetse ka tshelete, tlhaba pelo ya me jaaka o tlhabile ya ga Kesara; gonne ke itse fa ene o no o mo tlhoisiwa ke lorato lo lo gaisang lo o kile wa rata Kasiuse ka lone.

Borutuse: Somela tshaka mo kgatleng; botsa-rara jwa gago bo tla bona diphatlha. Le fa o ka ba wa itlatlarietsa jaaka seiaei, tlotlologo ya gago e tla tswa menyae. Ao, Kasiuse, o patagantswe le kwanyana e e bele geng bogale fela jaaka lotolo lo hupile molelo. Fa lo fetlhwa, lo raga ditlhase ka lepotlapotla, lo bo lo akofe lo tsidifale.

Kasiuse: Re ntse jaana, motho yo Kasiuse o tshelela go tla tshegisa Borutuse fa madi le mahutsana di mo jesa moetlo!

Borutuse: Fa ke ne ke bua jalo, le nna ke ne ke buisiwa ke bosilo.

Kasiuse: A o a rialo? Nnaya seatla.

Borutuse: Le pelo ya me.

Kasiuse: Ao, Borutuse!

Borutuse: Ke eng?

Kasiuse: A ga o na le lorato lo lo ka intshoke-lang? Kaitse masefo a ke a gotsitse, mme ke ene o ntshetseng malebadi a.

Borutuse: Ehee, Kasiuse; go tswa fano, e tla rie e re, fa o gakaletse Borutuse, a go tlhoko-mologa, a re, go nyaela mmago.

Moreti (Ko ntle):Mma ke tsene, ke ye go tlhola dikgosi; goo mo teng mo, di a omana, ga go a tshwanela di ka nna di le tsosi.

Lukiliuse (Ko ntle):Gao tsene.

Moreti (Ko ntle):Fa o nkganela, ke o nkgaotse tlhogo. Fa ke sa ntse ke lebaleba, ka re, ke a tsena.

(*Moreti o a tsena, a latelwa ke Lukiliuse, Titiniuse, le Lukiuse*)

Kasiuse: Ke eng jaanong? Go rileng?

Moreti: Tihajwang ke ditlhong, bo-generale ba me. Lo tsenegetswe eng? Ke lo raya ke re, ke lo bonetse letsatsi pele; ke lo laya ke re, ratanang jaaka baka ulengwe.

Kasiuse: Ha, ha! O itse mereto-botlhoko jang-he, monna!

Borutuse: Tswaa o tsamae, monna; o makg-akgа, tsamaya!

Kasiuse: Mo iketlele, Borutuse, ke mokgwa wa gagwe o.

Borutuse: Ke tla itse mokgwa wa gagwe fa a itse paka tsa gagwe. Mo ntweng re l.rang ka meinanatho ya dimatla? Tswaa o tsamae, thaka ya ka.

Kasiuse: Kgotla setlhako. Tioga, tloga!

(*Moreti o a tswa*)

Borutuse: Lukiliuse le Titiniuse! A masole a ye go robala!

Kasiuse: Lona lo tle kwano le Mesala.

(*Lukiliuse le Titiniuse ba a tswa. Titiniuse o tsena gape le Mesala*)

Borutuse: Dumela Mesala. A re dikanyetse lobone lo, re buisanye ka se re ka se dirang. Mesala, lokwalo ke lo; lwa re, Mmotlana Oketabiuse le Marekuse Antoniuse ba re bololetse ka namane e tonana ya ntwa, ke ele, e fereletse, e lebile Filipi ele.

Mesala: Le nna ke amogetse lokwalo lwa mafoko ao ka osi.

Borutuse: Le eng gape?

Mesala: Gape lwa re Oketabiuse, Antoniuse le Lepiduse ba tshwere banna ba lekgotla ba le lekgolo, ba ba kgaola ditlhogo.

Borutuse: Mme ntla fong, mafoko a dikwalo a a fapana; lwa me lwa re, go sule ba-lekgotla ba le masome a supa, mmogo le Kikero.

Kasiuse: Le Kikero?

Mesala: Ee, le Kikero, o sule. A kwalo tsa mohumagadi wa gago o di amogetse?

Borutuse: Nnyaa, Mesala.

Mesala: A kwalo tse o di amogetseng ga di mo umake?

Borutuse: Nnyaa, Mesala.

Mesala: Hee, mme ntla ekete go a gakgamatsa.

Borutuse: O boletsang? A tsa gago di a mo umaka? Mme jaaka o le Moroma, a ko o mpolelele boammaarure.

Mesala: Mme jaaka o le Moroma, ke a bona o tla itsho kela nnete e ke tla e bolelang. E le rure, Porotia ga a tlhole a tshela; o sule loso lo lo gakgamatsang.

Borutuse: O tsamae sentle, Porotia. Loso ke lwa rona rotlhe, Mesala. Ke na le go itshokela loso lwa gagwe, ka ke itse gore gangwe-fela o tshwanetse go swa tsatsi lengwe.

Mesala: Nna ke itse ba-pelo-tona ba belega dintsho jalo.

Kasiuse: Le fa e bile re tshwana ka maitseo, nna popego ya me e ne e sa ka ke ya ba ya ikutlwa go belega mafoko a loso ka motlhofo o o kalo.

Borutuse: Ko tirong, rona batshedi. Lo akanyang go bolo lela Filipi kgantejane?

Kasiuse: Ga ke gopole gore go ka re lemofalela. Go botoka fa re ka ingaralega, ra lesa dira tsa putla, di re senka gore di felelwe ke mefago, di tsenwe ke letsa pa, di ikgakatsa, rona re lapologile, dibetsa le maoto a rona a itekanetse.

Borutuse: Dibako tse di siameng di tshwanetse go sutela tse di di gaisang. Merafe e e fa gare ga Filipi le fano, re e tshwere fela ka masetla; e bile ba re tima le mefago tota. Fa dira di ka letlwa go ba ralala, mathaka a bone a tla oketsa palo ya dira, di tla go re tlhasela di oketsegile, di kgwathetse, di le meko e e thata. Re ka tima menono eo fa re ka ya go ba lalela ko Filipi, merafe e le kwano morago.

Kasiuse: Nkutlwa pele, mokaulengwe.

Borutuse: Nama o ise o ntitee molomo. Gapegape, re lekile ditsala tsa rona bobe; mephato ya rona e fofoma ka mafolofolo. Kgetse ya mafoko a rona e budule, dira di ata ka malatsi. Rona ko setlhoeng, re fa losekegeng, re atlanegetse go kokobela. Mo tirong tsa batho go na le morwalela o e a reng fa o palangwa ka lekhubu, metsi a sa kokomogile, o ise matlotlong; fa o ka fosa lekhubu, metsi a gogega, botshelo jwa gago jotlhe bo tla wela dikhekhele le masetlana. Ga jaana, re sapa mo lewatleng le le bipang magakgala.· A re palame lekhubu le sa kokomogile; e seng jalo, e tla re le gogega, re latlhegelwe rure.

Kasiuse: Tswelelang-he, ka keletso ya Iona; le rona re tla bolola, re ye go ba kgatlhantsha ko Filipi.

Borutuse: Mafoko a rona a gagabetswe ke:fifi la bosigo; mme tlholego e tshwanetse go ikobela botlhoko jwa dilo. Re tla bo okotsolola ka itapoloso e se kaenyana. A re ye go robala; ga go na se re ka tlhola re se bua.

Kasiuse: Le fa e le sepe. Lalang sentle; re tla tsoga re phakela.

Borutuse: Lukiuse!

(*Lukiuse o a tsena*)

Nteretse kobo.

(*Lukiuse o a tswa*)

Dumela, Mesala. Dumela, motlotlegi Kasiuse; o robale sentle.

Kasiuse: A mokaulengwe wa me wa lorato! Bosigo jo, le fa go ntse jalo, re bo simolotse maswe. Re bone gore mewa ya rona e se ka ya tlhola e fapana jaaka gompieno. Le ka gope, Borutuse.

Borutuse: Dumelang lotlhe.

(*Ba a dumedisa, baa tswa; go sala Borutuse. Lukiuse o tla ka kobo*)

Borutuse: Lere kobo, mosimane. Setinkane sa gago se kae? A se tie!

Lukiuse: Se fano mo tenteng.

Borutuse: Hee, mme ntla o a otsela? A khutsana! Ga ke go latofatse, mmotlana; o itisitse bobe. Bitsa Kelaodi use le mathaka a mangwe, ke tla lala ke a robaditse mo mesamong mo tenteng ya me.

Lukiuse. Heelang, Baro le Kelaodiuse!

(*Baro le Kelaodiuse baa tla*)

Baro: A morena o a bitsa?

Borutuse: Tlang, lo robale mo tenteng ya me; e ka re gono ka tloga ka lo tsosa, ka lo roma ko go Kasiuse.

Baro: Re tla lala re go lebeletse, re eme ka dinao.

Borutuse: Nnyaa, e seng jalo. Robalang fa, nka tloga ka itlhatlhanya. Bona-tlhe, Lukiuse, buka e ke ntse ke e batla ke e; ntekane ke e tsentse mo kgwatlheng ya kobo.

(*Baro le Kelaodiuse ha a sekama*)

Lukiuse: Rure, Morena, ga o ise o ko o e nnee.

Borutuse: O intshwarele, kala ya ka; ke tshwerwe ke malebadi. Ako o kwatlalatse dintshi go se kae, o ama-ame setinkane, ekete nka utlwa pinanyana, ya nkomo lola matlwadiba.

Lukiuse: Ee, Morena. Ka fa keletsong ya gago, ke tla letsa.

Borutuse: Se a lela kala ya ka; mme le fa o romega, ga ke a tshwanela go go kgweetsa go tlodisa selekanyo sa thato ya gago. Kana thakana e tshesane e batla nako ya itapoloso.

Lukiuse: Ke ntse ke robetse, mong wa ka.

Borutuse: Go siame, mme o tla robala gape; ga nke ke go diela pele. Fa ke sa ntse ke tshedile, ke tla nna mafoko mo go wena.

(Lukiuse o a letsa, o a opela)

Borutuse: Pina e, e a otsedisa e. A ngwanaarra-loso boroko! Ere mosimane wa ka a sa ntse a letsa, bo mo ribe getsa fela jaaka mokgoro. Robala, khutsanyana ya me e e maatlametlo; ga nke ke go siamololela ka go go tsosa gape; o ka tshoga o ota tlhogo, o roba setinkane sa gago. Mma ke se tsee; o robale, mosi mane. Mma ke bone buka; kana ke ne ke badile ka khutla fa kae?

(Go tsena mowa wa ga Kesara)

Borutuse: Hee, go tla mang ka fong? A matlho a me a a tuba he,a ntse a bopa sethotsela se se boitshegangjaana? Se a nkgata. Hee, o eng? A o moengele kgono tia bolo? A o dimo-he, o ntsidifatsa tshika tsa madi, o ntshosobanya moriri jaana? Bua le nna. O eng?

Mowa: Ke mowa wa gago wa bosula, Borutuse.

Borutuse: O tsile go reng?

Mowa: Go re, re tla rakanela ko Filipi.

Borutuse: A re tla kopana gape?

Mowa: Ee, ko Filipi.

Borutuse: Go siame, mme ke tla go bona ko Filipi.

(*Mowa o a nyelela*)

Borutuse: A e re fa o bona, ke tona matlho, jaanong o a ngwe ga, sethotsela k'wena? Ke sa ntse ke rata go bua nao. Mosimane Lukiuse! Baro, Kelaodiuse, tso gang!

Lukiuse: Dinti tsa losiba lwa ka, Morena, di repile.

Borutuse: Tlhaloganyo tsa gago di sa le mo setinkaneng. A o ntse o lora, mosimane, ke utlwile o goa jaana?

Lukiuse: Ke ntse ke sa itse gore nkile ka goa, Morena.

Borutuse: O ntse o goa o no o tshosiwa ke eng?

Lukiuse: Ke se nke ke bone sepe, mong wa ka.

Borutuse: Robala gape, Lukiuse. Kelaodiuse, Baro, kubu gang! Ke eng lo ntse lo bokolela lo robetse? A lo kile lwa bona sengwe?

Baro: Nna ga ke a bona sepe, Morena.

Kelaodiuse: Le fa e le nna.

Borutuse: Ntumedisetsang Kasiuse, lo re, ka re a abe mepha to e sa le gale, re tla e latela.

Baro, Kelaodiuse:Re tla rialo, Morena.

(*Ba a tswa*)

Tiragatso ya Botlhano

Temana I

Mo lobatleng lwa Filipi. Go tlhaga Oketabiuse, Antoniuse, le mephato.

Oketabiuse: Tsholofelo tsa rona di diragetse jaanong, Antoni use.O no o rile, baba ga nke ba tla, wa re, ba tla ikama ditlhora tsa makgabana. Ga nka ga tla jalo:ntwa tsa bone di gaufi, e bile di ikaeletse go re tlhagisa re sa le mono Filipi, ba re araba re ise re ba bitse.

AntonJuse: Lesa wena, ke itse se se mo morabeng wa bone. Ba re rutlologela ka mafolofolo. Ba re, re tie re re, meroro ya bone ke bogale; mme ba a itsietsa.

(*Go tlhaga Morongwa*)

Morongwa: lpaakanyeng, dikgosi. Baba ba tla ka ponalo ya bonatla. Mokgele wa bone wa madi o pepe nnwe; nanogang ka bonako.

Antoniuse: Oketabiuse, goga mophato wa gago ka senya se segolo ka fa thekong ya molema ya ntwa.

Oketabiuse: Theko ya me ke ya tsogo le letona. A ya molema e nne ya gago.

Antoniuse: O a reng o ntshelepanyetsa maswe jaana?

Oketabiuse: Ga ke tshelepanye sepe, ke tla ira fela jalo.

(*Go tlhaga Borutuse, Kasiuse, ka ntwa le meropa; Lukiliuse, Titiniuse, Mesala le ba bangwe*)

Borutuse: Baba ba eme, mme ntla ekete ba batla go re buisa.

Kasiuse: Ema sentle, Titiniuse; a re ye go ba utlwa.

Oketabiuse: A re tla ba naya sekai sa tlhabano, Marekuse Antoniuse?

Antoniuse: Iketle, re tla ba fetola fa ba re tlhasela. Katoga, bo-generale ba rata go bua.

Borutuse: Mafoko ko pele, bagaetsho, dithubako ko morago; a ga se jalo?

Oketabiuse: E se gore re rata mafoko go go gaisa.

Borutuse: Mafoko a a siameng a gaisa keteko tse di kgopo.

Antoniuse: Mo thupeng tsa gago tse di maswe, Borutuse, o bua mafoko a a molemo. A ko o bone tshoba le o le phuntseng mo pelong ya ga Kesara, mme o ntse o re, "Tshela ka boleele! Dumela, Kesara!"

Kasiuse: Kabamelo tsa thupa tsa gago ga di ise di itsege; fa e le mantswe a gago, one a thukutha motshitshi dinotshi di sale makgaa fela.

Antoniuse: Le lobelela, di se na nalo?

Borutuse: Di se na lobelela, le mosumo di se na nao, ka o di utswetse mantswe, Antoniuse. O tlhalefile, gono o bopa o ise o tlhabe.

Antoniuse: Dinokwane ke Iona, ga nka lwa rialo fa mao tsa Iona tse di makgapha di farakanya mo mmeleng wa ga Kesara, lo senne meno jaaka bo-tshwene, lo ikudupantse jaaka dintsa, lo ikobile jaaka balala, lo tala dinao tsa ga Kesara. Mhutsiwa yo go tweng Kaseka, a nanara a mo tlhaba koduolo. Ao, dipataisi ke Iona!

Kasiuse: Wa re dipataisi? Ke molato wa gago, Borutuse, fa kajeno re tlhapadikwa ke mosimanyana. Fa Kasiuse a koo a busa, lolengwana lwa gagwe lo koo lo sa re balabale jaana.

Oketabiuse: Tsenang, tsenang mo mafokong! Fa re huhudisiwa ke kgang, mme ntla tiragatso ya yone e tla re rothisa madi. Bona, ke somotse tshaka, ke e somo lela dirukutlhi. Ga nke ke e somela ke ise ke buso lose dintho tse di masome a mararo a metso meraro tsa ga Kesara; e seng jalo, mme Kesara mongwe gape o sa ntse a tla oketsa dintsho tsa go swa ka tshaka ya dirukutlhi.

Borutuse: Ga go dirukutlhi dipe di ka go bolayang Kesara, fa e se tse di tlang le wena.

Oketabiuse: Ke solofela jalo. Ga ke a tsalelwa go bolawa ke tshaka ya ga Borutuse.

Borutuse: Le fa e ne e bile o le kgosi ya bagaeno, mosimane, o ne o sa ka ke wa ba wa swa loso lo lo gaisang loo.

Oketabiuse: A re tsamae, Antoniuse; dilalogi ke Iona, re lo akgela tshemelelano mo menong. Fa lo batla ntwa gompieno, tswelang ko patlelong. Fa lo sa tie jaanong, lo tle lo tie motlhang mala a Iona a ratang ntwa.

(Oketabiuse, Antoniuse le mephato ya bone baa tswa)

Kasiuse: Jang, jaanong:phefo foka, makhubu a metsi kokomogang, tlhatloga morwalela wa metsi, re sape! Kgomo e bonywe!

Borutuse: Hee, Lukiliuse, a ko o tie go utlwa fa!

Lukiliuse: Morena!

(Borutuse le Lukiliuse ba emela thoko, ba a buisanya)

Kasiuse: Mesala, ke matsalo a me gompieno. Kasiuse o tsetswe ka lone tsatsi le. Nnaya seatla, Mesala, o supe fa kgatlhanong le keletso ya me ke tlamegile, jaaka Pompeiuse a kile a tlamega, gotsenya matshe lo a rona mo tlhabanong e. O itse fa maikutlo a me e ne e le a letlaatlaa la ga Epikuruse; jaanong ke fetogile maikutlo, ke a tlhonama. Ke ntse ke batla go dumela bola. E rile re tswa ko Saredise, merole e metona ya matlaka a mabedi a tla go kotama mo kgele wa rona, a nna a ja mo diatleng tsa masole a rona, a re felegetsa, a ba a tla go re tsenya mo Filipi. A tsogile a fofa ka moso. Ke fa go tla go kala fa godimo ga tlhogo tsa rona magakabe le mahu kubu, a re okometse jaaka eete re setse re le dibibi, a re tshutifatsa ekete ka moriti wa loso e bile eete batlhabani ba rona ba tloga ba swa.

Mesala: O se ka wa dumela ditoro tseo, Kasiuse.

Kasiuse: Ke a dumela, le fa ekete ga ke dumele thata; gonne ke sa ntse ke gotetse pelo e gakaletse go kgatlhantsha diphatsa dife tse di ka tlhagang.

Borutuse: Jalo fela, Lukiliuse.

Kasiuse: Jaanong-he, Borutuse, ka maatlametlo a magolo, badimo kajeno ba sa re lebile gore.re tshele mala tsi a rona jaaka baratani, re be re tsofale! Mme e re ka tiro tsa bana ba batho di a bo di ntse di tlhoka tlhomamo, a re akanyetse pele maswe mangwe a a ka re diragalelang. Fa re ka fenngwa ke ntwa e, itse gore kajeno ke lwa bofelo re bua mmogo. Maikaelelo a gago ke eng-he?

Borutuse: Fela ka fa katlholong ya dithuto tseo ka tsone ke latofaditseng Kato ka loso lo o na a lo ipolaya, ke sa itse gore jang, mme ke fitlhela e le loso lo lo makgapha, lwa bogatlapa, motho a ikgaola botshe lo, a tshaba se se tla iragalang; ke itlama ka pelo e telele, ke leta katlholo ya thata ya magodimo e e re laolang mono fatsheng.

Kasiuse: O raya gore, fa re ka fenngwa, o ineela go tla kgokgontshiwa ke bafenyi mekgwatheng ya Roma?

Borutuse: Nnyaa, Kasiuse, nnyaa; o se gopole gore Borutuse o tla tsamaya a ineela go ya Roma a bofilwe. Tsatsi leno le tshwanetse go fedisa metlholo e e simolotsweng ke Kgwedi-Mopitlo. Ga ke itse gore, a re tla tlhola re bonana, Kasiuse; ka moo-he, a re naane tumediso e e nnetseng rure. Ka bosena bokhutlo le bosena-bokhutlo, dumela Kasiuse. Fa re ka kopana gape, re tla itumela rure; e seng jalo, mme ka nnete kgaogano e e tla sentle.

Kasiuse: Ka bosena-bokhutlo le bosena-bokhutlo, dumela, Borutuse. Fa re ka kopana gape, re tla itumela rure; e seng jalo, mme kgaogano ya rona e tla sentle.

Borutuse: A re ye kong-he. Ao, ntla motho o koo a tie a itse bofelo jwa tiro ya gagwe motlha wa jone o ise o tie! Mme go lekanye ka re itse gore motlha o tla wela, e nne gone bofelo jwa one bo itsegeng. Ntlo he, re ye.

(Ba a tswa)

Temana II

Ko ntweng. Mokgosi wa ntwa o a lela.

Borutuse: Palama, palama, Mesala, o ise molaetsa o ko mephatong e e moseja ole!
(*Tlhatlhaduane e a tsoga. Mekgosi e megolo*)
Ba ree, ba tlhasele ka bonako. Ke bona mongodi nyana mo thekong ya ga Oketabiuse. Fa baba ba ka kgaramediwa ka bonako, ba tla ribegela. Palama, palama, Mesala, o re, ba fologe botlhe.
(*Ba a tswa*)

Temana III

Mo botlhabanelong, ntlha e nngwe ya ntwa. Go tl/haga Kasiuse le Titiniuse mo lefaratl/hatlheng.

Kasiuse: A ko o bone, Titiniuse, bona dikhutsana di tshaba. Le nna ke setse ke tlhanogetse bagaetsho. Mo kaba-mokgele wa me o na a boa ka morago; ka bolaya legatlapa, ka o tsaya.

Titiniuse: Ao, Kasiuse, Borutuse o potlakile a neela ntwa. E rile a bona ekete Oketabiuse o a ngosela, a itlha ganela a gatlhamela, masole a gagwe a itatlhela, a dikanyediwa ke a ga Antoniuse.
(*Go tlhaga Pinedaruse*)

Pinedaruse: Tshabelang pele, beng ba me, tshabelang pele! Marekuse Antoniuse o lo tsile thalala-motse! Tshaba, Kasiuse yo o maatlametlo, tshabela kgakajanal

Kasiuse: Thota e e kgakala e. Bona, bona, Titiniuse! A ke dintha tsa me tsele di tlolang kgabo?

Titiniuse: Ke tsone, Morena.

Kasiuse: Fa o nthata, Titiniuse, tlolela pitse ya me, o e tsepe ka diporo, e ye go go tsenya mo mophatong ole, e be e go busetse kwano; o tle go mpolelela gore a mephato eo ya dira kampo ya ditsala. Tsa maya, Pinedaruse; tlhatloga thota ele, o tle go mpolelela gore go iralang ko ntweng; nna matlho a ka a lotobo.

(*Pinedaruse o palama thota*)

Paka dia dikologa. Tsatsi le ke simolotseng botshe lo ka lone ekete ke tla bo swetsa ka lone. Go ntse jang-he, Pinedaruse, mme ntla ekete botshelo jwa me bo sweditse modiko? Mafoko ke eng, mole kane?

Pinedaruse: Titiniuse ke yole, o dikanye-ditswe ke dira ka di pitse di ribame ka dimpa ka fa ba di neetseng ka gone. Le ene o neetse pitse ya gagwe, le fa ekete ba mo gatile matl-hamela. Ntlo, ntlo, Titiniuse! Ba bangwe ba a pagologa. Ijoo! A pagologa le ene, ba mo tshwara. Utlwa meepelwane ya bone.

Kasiuse: Fologa, se tlhole o ba tlhola. Ke legat-lapa rure, ke boifa ke tshela go le kanakana, ke ba ke bona tsala-sebele e tlholwa ke ntse ke e lebile.

(*Pinedaruse o a fologa*)

Tlaa kwano, molekane; kana ke go thopile ko Paratia, ka go ikantsha, motlha ke ne boloka bo tshelo jwa gago, gore fela se ke tla se go romang, o tla se dira. Ntlo-he, swela maikano a gago. Go mpieno ke go golola mo bokgobeng. Tshaka e e bolaileng Kesara ke e. Supa sehuba sa me, e re ke ipipa matlho, o bo o ntshusumetsa tshaka.

(*Pinedaruse o a mo tlhaba*)

O busoloseditswe, Kesara, ka tshaka e e go bo laileng e.

(*O a swa*)

Pinedaruse: O, ke gololegile, mme e seng ka thato ya me. Ao, Kasiuse, Pinedaruse o tla thoba mo fatsheng, a ya ko go seng Moroma yo o tla mo ngokang.

(*O a tswa. Go tsena Titiniuse le Mesala*)

Mesala: Ke phetogo fela, Titiniuse. Oketabiuse o fentswe ke thata ya ga Borutuse, fela jaaka mephato ya ga Kasiuse e fentswe ke Antoniuse.

Titiniuse: Kasiuse o tla itumelela mafoko a.

Mesala: O mo tlogetse kae?

Titiniuse: Ko thoteng ele, a na le Pinedaruse, setshwarwa sa gagwe.

Mesala: Hee, a ga se ene yo o namaletseng fa fatshe yole?

Titiniuse: Mme ntla ga a a rapama jaaka motshedi.

Mesala: A ga se ene?

Titiniuse: E kile ya ne e le ene, Mesala; gompieno Kasiuse ga a sa le yo. Ao, tsatsi le le phirimang! E re ka o phirima o hubitse, gompieno letsatsi la ga Kasiuse le phirima jalo mo mading a gagwe. Tsatsi la Roma le phirimile, motlha wa rona o fetile. Maru, lobethe, diphatsa, tlong! Tiro tsa rona di fedile. Tiragalo e ke ikanyologo ya phenyo ya rona.

Mesala: Ikanyologo ya phenyo ke yone e re senyeditseng jaana. Ao morwa-dikhutsafalo! Phoso e e ilegang! Ke eng o supetsa kgopolo tsa bana ba batho didira tse di seyong? Ao, phoso, o itsegeng ka pela, ga o ko o ba o tsalwa fela, o sa bolae motsadi yo o go belegeng?

Titiniuse: Ke eng, Pinedaruse? Pinedaruse, o fa kae?

Mesala: Mmatle, Titiniuse, nna ke sa ya go kgatlhantsha Borutuse yo o maatlametlo, ke mo tsenya polelo e ka tsebe. Ke raya ke e mo susumetsa, gonne rure dimao tse di tlhabang le metswi e e alafilweng ga di ka ke tsa ba tsa sita ka botlhoko polelo e, mo tse beng tsa ga Borutuse.

Titiniuse: Itlhaganele, Mesala, nna ke tla sala ke batla Pinedaruse.

(*Mesala o a tswa*)

Kana, mogale Kasiuse, o no o nthomelang? A ga ke a bona tsala tseno, a ga se tsone di ntshwarisi tseng kgare e ya phenyo, tsa re, ke tie go e go naya? A ga o a utlwa meepelwane ya bone? Joo, o ba utlwile ka tsa ga Morakile!

Fela, ineneketse. Rwala kgare e:Borutuse wa gago o rile, ke e go nee. Nna ke tla diragatsa thomo eo. Borutuse, tlhaga o bone jaaka ke lebile Kaiuse Kasiuse. Ka tetlelo ya badimo, se ke tiro ya Moroma. Ntlo, tshaka ya ga Kasiuse, o tlhabe pelo ya ga Titiniuse.

(*O a ipolaya. Mekgosi ya tlhabano. Go tsena Mesala le Borutuse, Katonyana, Sete rato, Boluminiuse le Lukiliuse*)

Borutuse: Setoto sa gagwe se letse kae, Mesala, kae?

Mesala: Bona, ke sele se lelelwa ke Titiniuse sele.

Borutuse: Titiniuse o leletse.

Katonyana: O bolailwe.

Borutuse: Ao, Juliuse Kesara, o sa le mothati le mo losong, o mogale rure; ka mowa wa gago o sa kaila, o ntse o tshwara tshaka tsa rona, o re ropefatsa, o re phunya mala ka tsone.

(*Dilelo*)

Katonyana: Mogale Titiniuse; bona-tlhe, le moswl Kasiuse, 6 mo rwesitse serwalo.

Borutuse: A rure mo botshelong go na le Maroma a le ma bedi a a tshwanang le a? Moroma wa bofelo, tsa maya ka kagiso! Ke se se retetseng gore Roma o ka tlhola a tsala yo o tshwanang le wena. Ditsala, ke molato wa dikeledi mo tsaleng e e suleng e. Ke disuga tse ke sa ka ke ka tlhola ke di duela. Mme ke tla lefa, Kasiuse, ke tla lefa. Tlang jaana:a serepa sa gagwe se romelwe ko Thasose. Phitlho ya gagwe e se ka ya nna mo matlhabanelang, e ka tla ya re hudua. Ntlo, Lukiliuse, le wena, Kato nyana. A re ye ntweng. Labeo le Folabiuse, abang mephato ya rona. Go sa le selebalo, Maroma! E re masigo a sa le kong, re ye go leka phenyo lwa bobe di.

(*Ba tswa*)

Temana IV

Ntlha e nngwe ya ntwa. Mekgosi e a lela. Mephato e a thulana. Bo-Borutuse ba ikakgela mo ntweng ka bo-Katonyana, Lukiliuse, le ba bangwe.

Borutuse: Tsholetsang ditlhogo, bagaetsho!

Katonyana: Ngwana-a-molala ke ofe o sa tsholetseng tlhogo? E mang o tlang le nna fa ke goeletsa ina la me mo thabeng? Kenna morwa-Marekuse Kato, sera sa dilalogi, tsala e kgolo ya bagaetsho! Bii! Ke nna morwa-Marekuse Kato!

(*O kgogogela dira*)

Borutuse: Nna ke Borutuse, Marekuse Borutuse ke nna! Ke nna Borutuse, tsala ya bagaetsho! Nkitseng fa ke le Borutuse!

(*Ba kgogogela dira. Kato o a fekediwa, o a wa*)

Lukiliuse: Ao, Katonyana yo o maatlametlo, a le wena o ole? Le mo losong o tla tlotlega jaaka morwa-Kato, gonne rure o swa ka bopelo-kgale jo bo etsang jwa ga Titiniuse.

Lesole la ntlha: Ineele, e seng jalo o a swa!

Luki/iuse: Ke ineela fela go tla swa. Tsaya fa, o mpe o mpo laele rure.

(*O mo nee/a tshelete*)

Tsaya madi ke a, o bolae Borutuse ke yo, o tie o tlotlwe ke loso lwa gagwe.

Lesole la ntlha: Nnyaa, ga re mmolae. Ke setshwarwa sa ngwana madi.

Lesole la bobedi: Sutang fong, Borutuse o tshwerwe! Bolelelang Antoniuse!

Lesole la ntlha: Ke tla ya go latola. Mma foo, generale ke yo, o etla.

(*Go tla Antoniuse*)

Borutuse o tshwerwe, Morena, Borutuse o tshwe rwe!

Antoniuse: Okae?

Lukiliuse: Mo pabalelong, Antoniuse; Borutuse o bolokegile. Ke go tlhomamisetsa gore ga go sera se se tla tshwarang morena Borutuse a sa ntse a lebaleba. Badimo ba mmoloke mo ditlhonnye tse di kalo. Ko o mhitlhelang teng, le fa a tshela le fa a sule, o tla fitlhela e ntse e le Borutuse ka nama.

Antoniuse: Yo ga se Borutuse, ditsala. Ke lo solofetsa gore ke sesolo se se kana ka ene. Boloka motho yo sentle, o mo supetse tsalano. Batho ba ba ntseng jalo mo go nna, ekete e koo e le ditsala, e se dira. Tswelela, o bone gore a Borutuse o fodile kampo o sule;

lo tie go re bolelela ka fa go tsamaileng ka teng mo tenteng ya ga Oketabiuse.

(*Ba a tswa*)

Temana V

Mo laareng ya dira. Go tlhaga Borutuse, Dare daniuse, Kelituse, Seterato le Boluminiuse.

Borutuse: Tlang direpa tsa ditsala, namalalang mo tlapeng le.

Kelituse: Setatiliuse o kile a tlhagisa lobone; mme fa a sa tshwarwa, Morena wa me, o sule, gonne ga a a ka a tlhola a boa.

Borutuse: Nna fatshe, Kelituse, pina yosi fela ke "Bolaya!" Ke yone pina ya gompieno. Ntheetsa, Kelituse.

(*O mo sebetsa mo tsebeng*)

Kelituse: Mang? Nna, Morena? Legoka, le bogologolo, le fa e bile o nnaya lefatshe lotlhe. Bogolo nka mpa ka ipolaya.

Borutuse: Atamela fa, o ntheetse, Daredaniuse.

(*O a mo sebetsa*)

Daredaniuse: Nna, ke ire se se ntseng jalo?

Kelituse: Ao, Daredaniuse!

Daredaniuse: Ao, Kelituse!

Kelituse: Borutuse o na a go kopa eng se se makgapha?

Daredaniuse: A re, ke mmolae, Kelituse. Bona, o a itlhatlhanya.

Kelituse: A bo motho wa batho a sisitse matlwadiba, e bile a ntse a thologa ka matlho a gagwe!

Borutuse: Tlaa kwano, Boluminiuse yo o molemo.

Boluminiuse: Morena wa me a reng?

Borutuse: Ka riana, Boluminiuse, ka re, gabedi mowa wa ga Kesara o ntse o tlhaga mo go nna bosigo. Pele ko Saredise, le mo bosigong jono mo Filipi. Ke itse fa nako ya me e atametse.

Boluminiuse: E seng jalo, Morena wa me.

Borutuse: E le rure, Boluminiuse. Le wena o bonye ka fa fatshe le ileng ka teng. Dira di re digile, tsa ba tsa re ribega ka mpa ya sebete. Go molemo bogolo, re ka ithabuetsa ka rosi go na le go leta ba tla go re garimetsa ka mokole. Kana Boluminiuse, o itse fa re tsenye sekole mmogo. Ka ntata ya lorato lwa bonyana jwa rona, tshegetsa tshaka ya me jaana, ke e wele godimo.

Boluminiuse: Ga se tiro e e ka newang tsala, eo, Morena.

(*Mokgosi wa ntwa o a lela*)

Kelituse: Tshaba, tshaba, Morena! Gase fa batho ba emang teng fa.

Borutuse: Dumelang lotlhe le wena, le wena Boluminiuse. Wena Seterato, o a bo o ntse o robetse fela. Sala sentle, le wena Seterato. Monate wa pelo ya me ke gore mo botshelong jwa me, le jaana, ke se nke ke kopane le monna fa e se yo o ikanyegang mo go nna. Ke tla nna le kgalalelo ka tsatsi leno la thetelelo go feta bokgabale jwa phenyo e e makgapha ya bo-Antoniuse le Oketabiuse. Gangwe-fela, salang sentle; gonne loleme lwa ga Borutuse lo gaufi le go swetsa poledi ya botshelo jwa gagwe, matlho a me a imelwa ke bosigo, marapo a me a batla itapoloso, a dirile, a a swetsa ka nako eno.

(*Mekgosi le dilelo mo laareng*:"*Tshabang! Tshabang!* ")

Kelituse: Tshaba, mong wa me, tshaba!

Borutuse: Nanogang, ke tla lo Iatela.

(*Kelituse, Daredaniuse, le Boluminiuse ba a tswa*)

Borutuse: Ke a go rapela, Seterato, sala fa le mong wa'ago. Mo botshelong jwa gago, o no o le mosimane yo o tlotlegang sentle. Tshwara tshaka ya me jaana, o mphularele, ntle ke e wele godimo o sa mpone.

Seterato: Nnaya seatla pele. Tsamaya sentle, mong wa me.

(*Ba a dumedisana*)

Borutuse: Sala sentle, montswitli Seterato. Le wena, Kesara, didimala; gonne ke go bolaile ke sa golola pelo jaaka jaana.

(*O ragogela tshaka ya gagwe, o e wela godimo, o a swa. Mekgosi. Loferetlho. Letshabo. Go tlhaga Oketabiuse, Antoniuse, Mesala, Lukiliuse, le ntwa ya bone*)

Oketabiuse: Motho yole e mang?

Mesala: Motlhanka wa mong wake. Seterato, mong wa'ago o kae?

Seterato: O gololegile mo dithapong tse di go tlamileng, Mesala. Bafenyi ba ka mo gotsa molelo, gonne ga a a fenngwa, o iphentse. Ga go motho ope o ka rufelwang loso lwa gagwe.

Lukiliuse: Borutuse o na a ratile go fitlhelwa jalo. Ke a go leboga ka o rurefaditse mafoko a ga Lukiliuse.

Oketabiuse: Badiredi ba ga Borutuse botlhe, ke tla ba tsholela. A o ka diega le nna ka sebaka, mosimane?

Seterato: Fa Mesala a dumela.

Mesala: Mong wa ke o sule jang, Seterato?

Seterato: Ka tshwara tshaka, a ikgarameletsa mo godimo ga yone.

Mesala: Mosimane yo, Oketabiuse, o diretse mong wa ke tiro ya bofelo mo botshelong jono. Mo tsee, o mo ire motho wa gago.

Antoniuse: E rile go twe ngwana-a-kgoro Moroma, ga bo go tewa Borutuse. Ba bangwe botlhe e ne e le dilalogi, dibitiela-Kesara yo mogolo ka poulelo. 6 iko pantse nabo fela ka pelo e namagadi, a leka go lemofalela morafe.

Botshelo jwa gagwe bo no bo le maatlametlo, le diele tsa tlholego di logaganye ka methapo ya tshika tsa gagwe, gore le popo yotlhe e eme ka dinao, e ree lefatshe e re, "Moroma yo, e ne e le monna!"

Oketabiuse: A re mo direleng tlotlo e e lebanyeng maatlametlo a gagwe. Re ye go mmoloka ka ditshwanelo tsotlhe le tirelo tsa phitlho. Marapo a gagwe gompieno a tla lala mo tenteng ya me jaaka marapo a motlha bani yo o tlotlegang. Atlholang mephato e ita polose, gonne e le rure la gompieno e tlhotse e se tsatsi la tlala, tlhaola-malata; e nee le la marumo, maja-magosana. A ba ikhutse, re tsoge, re ye go abalana makgabane a tsatsi leno la tlhapedi.

Printed and bound by CPI Group (UK) Ltd, Croydon, CR0 4YY

Printed and bound by CPI Group (UK) Ltd, Croydon, CR0 4YY

13/04/2025

14656582-0001